Contents

이 책에는 같은 옷본을 사용해 만들 수 있는 아이템이 여러 개 등장한다. 칼라를 달거나 소맷부리와 밑단 디자인을 바꿔서 자신의 취향대로 자유롭게 응용할 수 있다.

A

몸판과 소매 등 기본 모양은 같지만 어깨에 이음선을 넣거나 프릴을 곁들이거나, 앞트임을 넣어 응용할 수 있다.

B

개더를 풍성히 잡은 스목풍 블라우스. 소매와 옷 폭에 여유를 준 디자인으로 조이는 느낌 없이 착용감도 편안하다.

C

몸판과 소매에 이음선을 넣은 비대칭 디자인. 가슴 부근에 턱을 풍성히 잡아 A라인의 사랑스러운 실루엣으로.

D

기본 모양은 같다. 목둘레와 소맷부리의 마무리, 칼라의 유무, 앞뒤 스커트 모양 등 자유롭게 조합해 응용할 수 있다.

E

기본 모양은 같다. 앞 요크와 뒤 몸판이 하나로 된 유니크한 패턴. 코트로도 입을 수 있게 응용했다.

F

앞뒤 스커트에 턱을 잡아 볼륨감을 살렸다. 뒤처짐 실루엣이나 옆 프릴 등 디테일에도 신경 썼다.

G

허리와 밑단에 고무줄을 끼운 블루머 스타일의 쇼트 팬츠. 남녀 공용으로, 코디네이트하기 편한 심플한 디자인.

디자이너 작품을 엄마가 만든다!

깜찍하고 멋진 아이 옷

folk made 와타나베 하루미 지음

황선영 옮김 | 문수연 감수

이아소

H

몸판과 소매는 공통 퍼턴으로, 팬츠와 스커트는 변경이 가능. 뒤 스타일은 지퍼와 리본 2가지 타입에서 선택할 수 있다.

H-1
올인원 팬츠
p.26

H-2
뒤 리본 원피스
p.28

I

기본 모양은 같기 때문에 I-1을 칼라 달린 옷으로, 또는 I-2를 칼라 없는 옷으로 응용해도 된다. I-1은 K 스커트와 세트가 된다.

I-1
반소매 블라우스
p.32

I-2
풍성한 블라우스
p.36

J

풀오버 타입의 상의. 기본 모양은 같다. 칼라 없는 것과 칼라 달린 것 2가지 타입에서 선택할 수 있어 코디네이트의 폭도 넓어진다.

J-1
심플 커트 앤드 소운
p.34

J-2
프릴 칼라 커트 앤드 소운
p.35

K

뒤가 처지는 사랑스러운 스커트. 허리가 고무줄이라서 입고 벗기도 편하다. 밑단 안단에 작은 꽃무늬 프린트를 곁들여 디자인 포인트로.

피시테일 스커트
p.32

L

허리를 프릴로 연출한 살로페트풍의 팬츠. 멜빵은 탈착이 가능. 소재를 바꿔 여러 개 만들고 싶은 아이템이다.

멜빵 달린 살로페트
p.36

M

프릴 칼라의 장식 칼라. 상의 위에 겹쳐 달면 분위기가 확 달라진다. 소재에 따른 뉘앙스의 차이를 즐겨보자.

장식 칼라
p.38

A-1 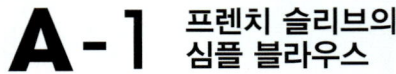프렌치 슬리브의
심플 블라우스
How to make **p.52**

소매와 위 몸판이 하나로 된 심플한 디자인. 소
매를 다는 번거로움이 없어 단시간에 완성할 수
있다. 시원한 리넨과 큼지막한 깅엄 체크로 청량
감이 느껴지는 아이템이다.

G
쇼트 팬츠
p.11

모델 착용 사이즈／M

A-2 앞 단추의 반소매 블라우스
How to make p.54

A-1 블라우스를 앞트임 타입으로 응용하고, 어깨에 이음선을 넣었다. 특유의 광택감과 장력 있는 타이프라이터 원단으로 만들면 같은 실루엣이라도 A-1과는 다른 분위기가 된다.

L
멜빵 달린 살로페트
p.36

A-3

어깨 프릴 반소매 블라우스
How to make p.55

기본은 A-1과 같다. 위 몸판에 이음선을 넣어 소매를 달고, 프릴을 추가했다. 편안한 느낌을 주는 얇은 화이트 리넨을 사용, 여자아이의 귀여움이 한층 돋보인다.

모델 착용 사이즈／M

어깨 프릴이 자연스러운 악센트. 소매의 어깨 쪽 시접을 두 번 말아 박고 개더를 잡아 몸판에 겹쳐 박기만 하면 된다.

L
멜빵 달린 살로페트
p.36

밑단의 앞이 위로 올라간 멋스러운 디자인으로. 팬츠와도 궁합이 잘 맞는다. 아래 몸판에 턱을 잡아 풍성하게 완성하는 것이 포인트이다.

B 개더 블라우스
How to make p.58

몸판과 소매 이음선에 개더를 넉넉하게 넣어 풍
성한 실루엣으로 완성했다. 면마 캔버스×타이
프라이터라는 다른 소재의 콤비네이션도 신선
하다.

L
멜빵 달린 살로페트
p.36

꼬마 숙녀가 입으면 원피스로.
몸판과 소매가 넉넉한 디자인
이라 성장 과정에 맞춰 다양하
게 연출할 수 있는 것도 매력
이다.

리본 블라우스
How to make p.56

가슴에서 묶은 커다란 리본 타이가 장식 포인
트. 몸판과 소매에 이음선을 넣은 비대칭 디자
인과 서로 다른 소재의 조합이 재미를 더하는
블라우스이다.

모델 착용 사이즈／M

G 쇼트 팬츠
How to make p.70

볼륨감 있는 상의와도 맞춰 입기 좋은 블루머 타입의 쇼트 팬츠. 입고 벗기 편하게 밑단과 허리에 고무줄을 끼우고, 양옆에는 포켓을 달았다.

모델 착용 사이즈／M

몸판 이음선과 턱에 리본을 끼워 박는다. 가슴에 있는 고리단추를 잠그고 리본 타이를 묶는다.

Spring Collection

Sasuke
107cm

Lourdes
92cm

Mico
100 cm

folk made 옷의 가장 큰 매력은
남녀 모두 입을 수 있는 유니크한 디자인.
성장기에도 오래 입을 수 있도록
여유를 두고 사이즈를 전개했으므로
나이에 맞춰 다양하게 연출할 수 있다.

D-1 옐로 스트라이프 원피스

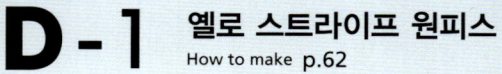

How to make **p.62**

소매와 몸판이 이어진 원피스는 소매를 다는
수고가 줄어 초보자들에게도 추천하는 아이템
이다. 앞 요크를 식서 방향으로 재단해 보더로
사용하는 것이 디자인 포인트이다.

겨드랑이에 박은 덧단은 유럽의 민
속 의상을 연상시킨다.

뒤트임은 어린아이도 입고 벗기 편
한 똑딱단추.

D-2

**블루 스트라이프의
칼라 달린 원피스**

How to make p.64

기본형은 D-1과 같지만 밑단 양옆으로 곡선
을 크게 만들어 와이셔츠풍의 실루엣으로. 가
슴 이음선에 개더를 잡은 A라인의 깔끔한 디자
인이다.

앞 요크를 앞트임으로 바꾸고 작은 칼라를 더했다. 안쪽에 똑딱단추를 달아 숨김 단추풍의 디자인으로.

뒤쪽 목둘레는 개더를 잡은 뒤 바이어스 천으로 감싸서 깔끔하게 완성했다.

D-3 프릴 칼라 원피스
How to make p.65

여기도 기본형은 D-1과 같지만 앞 몸판의 밑
단이 위로 올라가게 변형하고, 칼라에 프릴을
더했다. 플란넬 소재의 프린트지를 사용해 서커
스 복장의 느낌으로 완성했다.

모델 착용 사이즈／M

E-2 보아 코트

How to make p.67

E-1 원피스의 소재를 바꿨다. 볼륨감 있는 보아 원단을 사용하고, 코트로 입을 수 있게 앞트임으로 응용. 안감을 넣고 포켓을 달아 한층 고급스러운 디자인이다.

E-1

변형 요크 원피스
How to make p.66

앞 요크와 뒤 몸판이 하나로 된 유니크한 디자인. 사계절 내내 입을 수 있게 7부 소매로. 장력 있는 타이프라이터 원단이 실루엣을 예쁘게 유지한다.

모델 착용 사이즈／S

L
멜빵 달린 살로페트
p.36

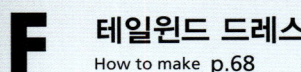

F 테일윈드 드레스
How to make p.68

턱과 프릴 등 디테일에 신경 쓴 소녀 감성 디자
인의 원피스. 턱을 넉넉하게 잡은 긴 스커트가
빙글빙글 돌 때마다 살포시 퍼진다.

겨드랑이에 장식한 블루 프릴이 전체의 포인트 역할.

뒤 스타일은 고리단추로 살짝 성숙하게.

Play with ribbon

꾸미기 좋아하는 여자아이들.
엄마가 특별히 만들어준 옷이라면
아이에겐 더욱 큰 기쁨일 것이다.
색상과 소재를 연구해 오래도록
마음에 남는 특별한 옷을 만들어보자.

H-1

올인원 팬츠
How to make p.60

유니크한 실루엣으로 피에로 복장을 이미지화
했다. 위아래가 하나로 되어 있어 신나게 뛰어
놀아도 안심이다. 소맷부리와 팬츠 밑단은 고무
줄로 느슨하게 오므려 조이지 않게 디자인했다.

H-2

뒤 리본 원피스
How to make **p.59**

H-1의 팬츠를 원피스로 응용. 소매와 스커트
는 알맞은 두께와 장력 있는 리넨 헤링본을, 몸
판은 성긴 느낌의 면마 캔버스를 사용했다.

꼬마 숙녀가 입으면 이런 느낌. 여유 있는 실루엣을 즐길 수 있다. 뒤 스타일은 리본을 묶는 소녀풍 디자인.

Crown of Leaves

뒤 스타일은 지퍼와 리본
2가지 타입에서 고를 수 있다.
소재와 색상 조합에 따라
응용도 자유자재. 자매나 형제끼리
세트로 코디해보자.

I-1 반소매 블라우스
How to make p.71

'소매를 달 자신이 없다'는 분들은 먼저 래글런 슬리브에 도전하자. 경쾌하고 고급스러운 잔꽃 무늬 프린트를 선택해 귀여움을 한층 살려 완성해보자.

K 피시테일 스커트
How to make p.78

밑단으로 안단이 살짝 엿보이는 뒤가 처지는 디자인. 겉감은 얇고 결이 가는 극세 코듀로이, 안단은 I-1의 블라우스와 같은 잔꽃무늬 프린트를 사용. 세트로도 연출할 수 있다.

J-2
프릴 칼라 커트 앤드 소운
p.35

J-1 심플 커트 앤드 소운

How to make p.74

촉감이 좋은 얇은 니트 소재를 사용한 풀오버 타입의 톱. 깔끔한 디자인이라 볼륨감 있는 하의와도 궁합이 잘 맞는다. 이너로도 입을 수 있다.

뒤트임은 불편하지 않고 입고 벗기 편한 똑딱단추로.

J-2

프릴 칼라 커트 앤드 소운
How to make p.74

J-1에 프릴 칼라를 달아 한층 귀여움을 더했
다. 이번 작품에 사용한 40/1 천축 니트는 색이
다양하게 나와 있으므로 마음에 드는 색으로
여럿 만들어두면 돌려 입기 매우 좋다.

K
피시테일 스커트
p.32

I-2 풍성한 블라우스
How to make p.72

I-1 블라우스를 긴소매로 응용해 A라인의 풍성
한 실루엣으로 완성했다. 작은 플랫칼라는 짙은
색상으로 만들면 전체의 포인트 역할을 한다.

L 멜빵 달린 살로페트
How to make p.76

볼륨을 줄인 깔끔한 실루엣의 팬츠. 허리를 프
릴로 연출해 살로페트풍으로 만들었다. 멜빵은
다른 옷과 매치하기 편하게 탈착이 가능.

팬츠나 스커트에 모두 잘 어
울리는 디자인. 품을 여유
있게 만들어 착용감이 뛰어
나다.

I-1
반소매 블라우스
p.32

멜빵은 뒤에서 리본으
로 묶는다. 응용하기에
따라 코디네이트 연출
도 한층 다양해진다.

M 장식 칼라
How to make p.79

개더를 풍성하게 잡은 프릴 타입의 장식 칼라.
어느 쪽을 앞으로 할 것인지는 취향에 따라 선
택. 광택 있는 얇은 새틴과 타이프라이터 원단,
소재에 따른 실루엣의 차이를 즐겨보자.

A-2
**앞 단추의
반소매 블라우스**
p.5

A-2 블라우스에 겹쳐서. 같은 천으로 만들면 분위기에 맞춰 코디네이트의 폭도 넓어진다.

뒤 스타일에 원 포인트로 리본을. 적당히 장력 있는 타이프라이터 원단으로 만들면 실루엣이 돋보인다.

Autumn Collection

플란넬이나 리넨 헤링본, 데님,
타이프라이터 등 소재와 색상,
무늬의 조합에 따라 표정이 풍부해진다.
구두나 타이츠 등 소품과 컬러 코디네이트도
가을과 겨울에 즐기는 특별한 재미다.

이 책에서 사용한 천 도감

마지막으로 이 책에서 주로 사용한 천을 특징별로 소개한다. 촉감이나 색상·무늬를 잘 살펴서 원단을 고르면 더 애착이 간다.

a
깅엄 체크(코튼)

같은 굵기의 격자무늬로 짠 평직 천으로, 주로 흰실과 색실의 2색으로 짠다. 이 책에서 사용한 '수피마 코튼'은 가는 번수의 목면 실을 사용해 고밀도로 짠 올이 촘촘한 원단으로, 특유의 장력과 바스락거리는 질감이 특징.

b·s
면마 캔버스

캔버스보다는 얇고 내추럴한 느낌을 갖는 면마 혼방의 중간 두께 원단. 이 책에서는 일반적인 면마 캔버스보다 좀 더 성기게 짠 촉감이 부드러운 원단을 사용. 가제를 두껍게 만든 듯한 독특한 느낌이 매력.

c·e·n·p
타이프라이터 클로스

가는 번수의 면사를 고밀도로 짠 얇고 결이 촘촘한 장력 있는 목면 천. 가볍고 튼튼하며 빳빳한 질감이 실루엣을 아름답게 유지하기 때문에 셔츠나 원피스 등에 쓰인다. 이 책에서는 워싱 처리한 듯한 주름 가공 타입을 사용.

f
면 스트레치 소프트 데님

일반적인 데님보다 박기 편하고, 얇은 소프트 데님. 이 책에서는 신축성 있는 스트레치 타입을 사용. 튼튼하고 견고한 소재로, 팬츠 등에 최적. 색이 바래는 경우가 있어 물세탁 시 주의가 필요하다.

g
극세 코듀로이

겉면의 세로 방향으로 결이 있는 원단으로, 결이 가는 타입, 굵은 타입 등이 있다. 대부분 코튼 소재이지만 울 혼방도 있다. 기모 소재라서 가을과 겨울 옷에 적합하다. 천에 방향성이 있기 때문에 재단할 때 주의를.

h
깅엄 체크(리넨)

리넨으로 짠 깅엄은 코튼보다 성기고 내추럴한 느낌. 적당히 장력이 있고 흡수성이 우수하다. 매끄러운 촉감은 땀이 많은 아이 옷에 안성맞춤. 빨면 빨수록 촉감이 좋아지는 것도 매력.

i
스트라이프

같은 굵기의 줄무늬로 짠 평직 천으로, 주로 흰실과 색실의 2색으로 짠다. 이 책에서는 **a**와 무늬가 다른 '수피마 코튼'을 사용. 올이 촘촘한 원단으로 특유의 장력과 바스락거리는 질감. 완성품도 경쾌한 인상.

d·j
브로드

고밀도로 짠 올이 촘촘한 목면 천(원래는 양모 100%이지만, 지금은 견이나 면 등 소재도 다양하다). 얇으면서 장력이 있고, 겉면에 매끄러운 광택이 있다. 풍부한 컬러 변형이 매력으로, 폭넓은 용도로 사용 가능.

k
새틴

수자직 직물의 총칭으로 견이나 목면, 화학섬유 등 여러 가지 타입이 있다. 특유의 광택이 있는 매끄러운 천으로, 드레이프가 예쁘게 연출된다. 이 책에서는 주름 가공을 한, 면 100%의 새틴 천을 사용. 경쾌하고 내추럴한 느낌.

l
보아

양모처럼 복슬복슬한 촉감의 파일직 천의 총칭으로, 고리 모양으로 된 파일 윗부분을 잘라 만들 수 있다. 보온성과 신축성이 우수해 아우터 등에 적합하다. 이 책에서는 볼륨 있는 울 혼방 타입을 사용.

m
이중직 트윌

트윌은 능직 천으로, 겉면과 안면을 다른 조직으로 짠 이중직 구조로 된 천이다. 겉면에 사선 방향의 이랑이 나타나는 것이 특징. 적당히 두께감이 있는 튼튼하고 쫀쫀한 소재로 하의 등에 추천.

o·q
리넨

마 실로 짠 천으로, 실의 가늘기에 따라 두꺼운 것부터 얇은 것까지 다양한 종류가 있다. 천연 소재라서 섬유 굵기가 불규칙하고, 넵이라고 하는 섬유의 마디나 뭉치가 들어간 경우도 있다. 흡수성과 건조성이 우수하고 촉감도 뛰어나다.

r
천축(평뜨기)

메리야스로 짠 니트 천으로 사용하는 실의 굵기에 따라 두꺼운 것, 얇은 것 등 종류도 다양하다. 촉감이 부드러워 살에 직접 닿는 상의 등에 사용. 천 끝이 말리기 쉬워 초보자가 다루기 약간 까다롭다.

t
타나론

론이란 아주 얇은 목면 실로 짠 살짝 투명감 있는 얇은 평직 천으로, 그중에서 '리버티 프린트'로 대표되는 최고급 원단을 '타나론'이라고 부른다. 실크 같은 광택감이 있고 좀처럼 주름이 잡히지 않는다.

u
리넨 헤링본

'헤링본'이란 산 모양의 무늬를 갖는 직물로, 삼릉직이라고도 한다. 울이 대표적인데 이 책에서는 리넨 실을 사용해 짠 중간 두께의 리넨 헤링본을 사용. 적당히 광택감과 입체감 있는 무늬로 고급스러운 인상.

v
염색 코튼 리넨(트윌)

가는 번수의 실로 짠 능직의 면마 천을 '가마솥 염색' 기법으로 염색. 주름 가공을 하기 때문에 특유의 매끄러움과 부드러운 촉감을 겸비하고 있다. 풍성한 느낌의 옷으로.

a

f

l

r

g

b

h

m

s

c

n

t

i

o

u

d

j

p

v

e

k

q

43

Lesson
변형 요크 원피스를 만들어보자

20페이지에서 소개한 '변형 요크 원피스'는 개더 잡는 법이나 소매 밑의 덧천 다는 법, 목둘레의 바이어스 마무리 등 알아야 할 바느질 요령이 가득하다.

※ 실물 대형 옷본은 B면, 재단 배치도는 p.66 참조
※ 설명을 이해하기 쉽게 천과 실의 색깔을 바꿨다.

1 앞 요크와 앞 스커트를 박는다

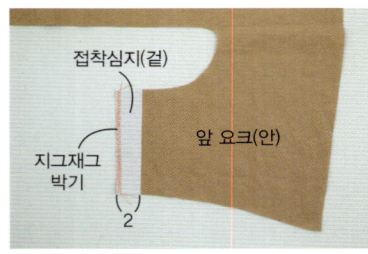

1 앞 요크의 밑덧단 부분의 시접에 접착심지를 붙이고, 천 끝을 지그재그 박기로 마무리한다.

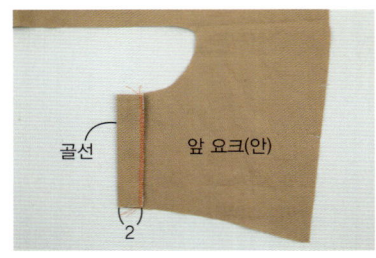

2 시접을 완성선에서 접고, 다리미로 누른다. 반대쪽 시접도 같은 방법으로 마무리한다.

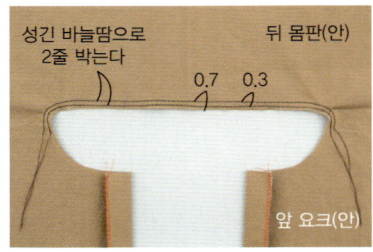

3 목둘레 개더 위치의 시접에 성긴 바늘땀으로 2줄 개더용 박기를 한다(개더 끝 맞춤 표시보다 2cm 길게 박는다). 바늘땀 크기는 3.5mm 정도, 실 끝은 길게 남겨둔다.

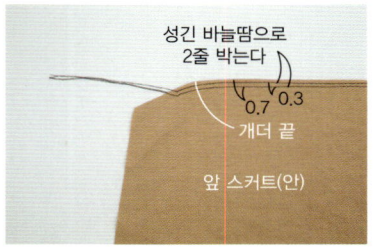

4 앞 스커트의 위쪽 시접에 성긴 바늘땀으로 2줄 개더용 박기를 한다(개더 끝 맞춤 표시보다 2cm 길게 박는다). 바늘땀 크기는 3.5mm 정도, 실 끝은 길게 남겨둔다.

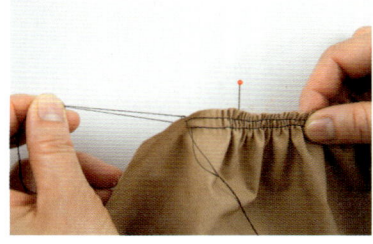

5 4의 개더 박기 윗실을 2줄 함께 천천히 당겨 중심에서 반씩 개더를 잡는다.

6 뒤 목둘레 개더의 범위가 S는 13cm, M은 13.5cm, L은 13.5cm가 되도록 실을 당기고, 개더가 일정하게 잡히도록 송곳으로 정돈한다. 앞 요크의 앞 중심을 시침핀으로 단단히 고정한다.

7 앞 요크 개더 끝의 맞춤 표시에 맞게 실을 당기고, 개더가 일정하게 잡히도록 송곳으로 정돈한다.

8 앞 요크와 앞 스커트를 겉끼리 맞대고, 좌우 개더 끝, 중심 순서로 시침핀으로 고정한 뒤 다시 촘촘히 시침핀을 꽂는다.

9 송곳을 이용해 개더가 일정하게 잡히도록 정돈하며 앞 요크와 앞 스커트를 박는다.

10 개더용 실을 빼고, 시접을 2장 함께 지그재그 박기를 한다.

11 시접을 앞 요크 쪽으로 눕히고, 다리미로 정돈해둔다.

2 소매와 덧천을 단다

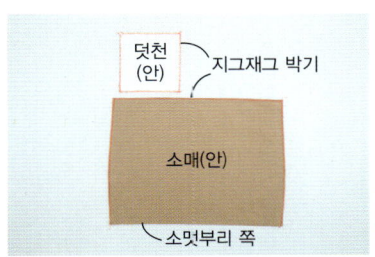

1 소매 시접(소맷부리 쪽을 제외한 3변)과 덧천 시접에 지그재기 박기를 한다. 각 2장씩 만든다.

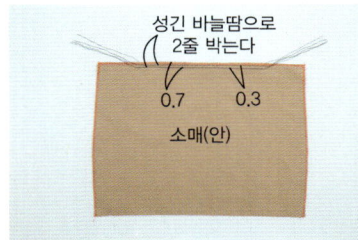

2 소매의 어깨 쪽 시접에 성긴 바늘땀으로 2줄 개더용 박기를 한다(개더 끝 맞춤 표시보다 2cm 길게 박는다). 바늘땀 크기는 3.5mm 정도, 실 끝은 길게 남겨둔다.

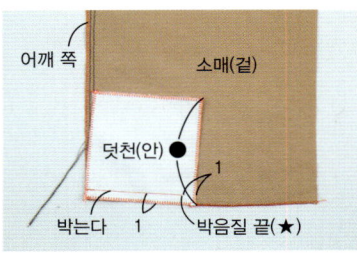

3 소매 밑 쪽에 덧천을 겉끼리 맞대고, 시침핀으로 고정한 뒤 어깨 쪽에서 박음질 끝(★)까지 박는다.

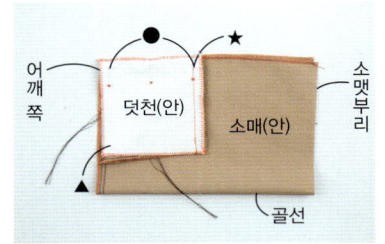

4 소매를 겉끼리 맞닿게 반으로 접고, 반대쪽 소매 밑의 다는 위치에 덧천의 ● 부분을 겉끼리 맞대어 시침핀으로 고정한다.

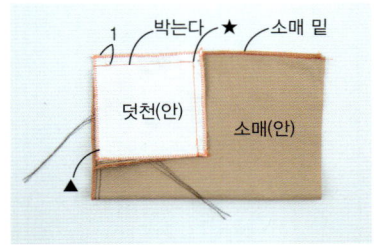

5 어깨 쪽에서 박음질 끝(★)까지 박는다.

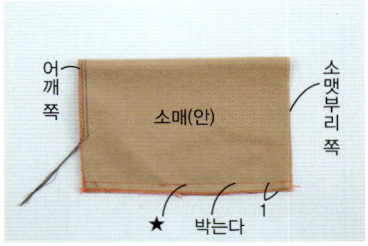

6 덧천을 안쪽에서 삼각형으로 접고, 소매 밑의 ★에서 소맷부리까지 박는다.

Lesson

변형 요크 원피스를 만들어보자

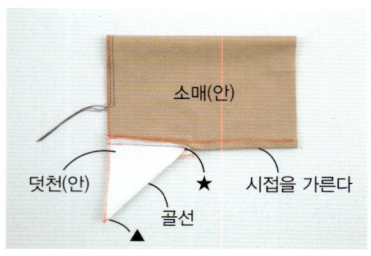

7 덧천을 빼내고, 소매 밑 시접을 가른 뒤 다리미로 정돈한다. 다른 쪽 소매도 같은 방법으로 만든다.

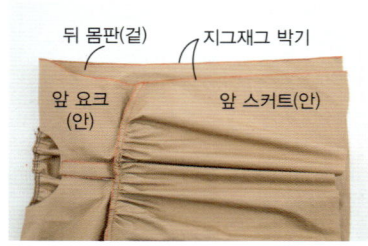

8 앞 요크～뒤 몸판, 앞 스커트 시접에 지그재그 박기를 한다. 반대쪽 시접도 같은 방법으로 마무리한다.

9 2의 개더용 박기 윗실을 2줄 함께 천천히 당기고, 앞 요크의 맞춤 표시에 맞춰 소매산에 개더를 잡는다.

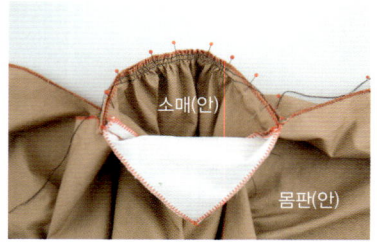

10 몸판과 소매를 겉끼리 맞대고 어깨 중심, 덧천 양 끝의 순서로 시침핀으로 고정한 뒤 다시 촘촘히 시침핀을 꽂는다.

11 덧천의 ▲를 다는 위치에 맞추고, 한쪽만 시침핀으로 고정한다(전부 고정하면 박기 힘들기 때문에 반씩 작업한다).

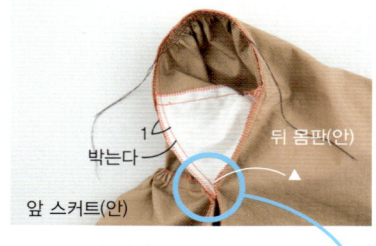

12 소매 밑의 ▲에서 박기 시작해 1바퀴 빙 둘러 ▲까지 박는다. 반대쪽 소매도 같은 방법으로 단다.

▲와 맞춤 표시를 맞춘다

3 옆을 박고, 밑단과 소맷부리를 마무리한다

1 옆을 겉끼리 맞대어 맞춤 표시에 시침핀을 꽂는다. ▲ 부분은 덧천의 시접을 비켜서 시침핀을 꽂는다.

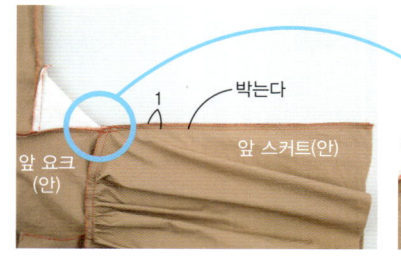

2 ▲에서 밑단까지 박는다. 이때 ▲보다 위를 박으면 덧천을 박아버리기 때문에 주의한다.

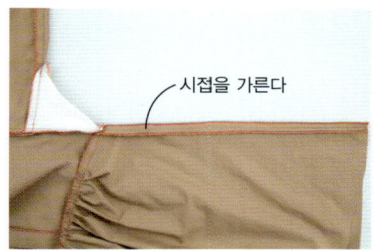

시접을 가른다

3 옆의 시접을 가른다. 반대쪽 옆도 같은 방법으로 박는다.

4 밑단 시접을 1cm 접고, 다리미로 정돈한다.

5 다시 1cm 접어 2번 접은 상태에서 다리미로 정돈한다.

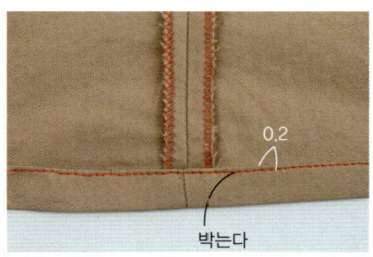

0.2

박는다

6 시접 끝에서 0.2cm 안쪽을 1바퀴 빙 둘러 박는다.

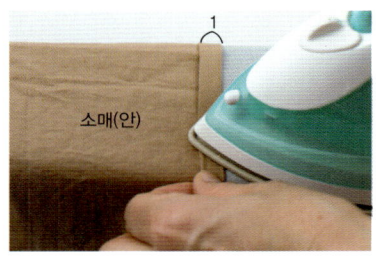

소매(안)

1

7 **4·5**를 참조해 소맷부리도 같은 방법으로 1cm 폭으로 2번 접고, 다리미로 정돈한다.

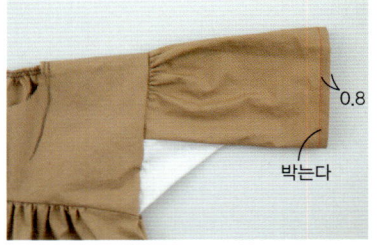

0.8

박는다

8 **6**과 같은 방법으로 시접 끝에서 0.2cm 안쪽을 1바퀴 빙 둘러 박는다. 반대쪽 소맷부리도 같은 방법으로 2번 접어 박고, 겉으로 뒤집는다.

바이어스 천 만드는 법

바이어스 천이란 올 방향과 45도 각도로 자른 테이프 모양의 천이다. 신축성이 있어 곡선을 살리는 데 편하기 때문에, 목둘레의 마무리나 파이핑 등에 사용한다. 1줄로 재단할 수 없는 길이인 경우 2줄을 오른쪽 그림의 요령으로 이어 붙인다.

~재단 방법~

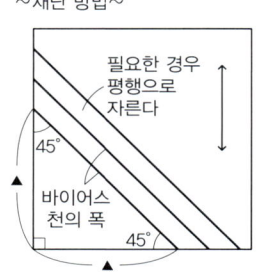

필요한 경우 평행으로 자른다

45°

바이어스 천의 폭

45°

~잇는 방법~

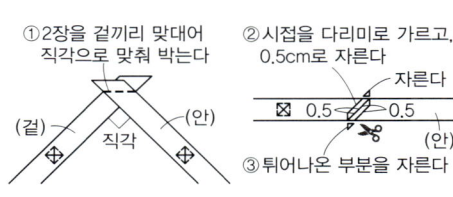

①2장을 겉끼리 맞대어 직각으로 맞춰 박는다

(겉)   (안)

직각

②시접을 다리미로 가르고, 0.5cm로 자른다

자른다

0.5   0.5

(안)

③튀어나온 부분을 자른다

Lesson

변형 요크 원피스를 만들어보자

4 목둘레를 마무리한다

1 목둘레용 바이어스 천을 3.5cm 폭× 50cm로 재단하고, 반으로 접어 다리미로 정돈한다.

2 1을 일단 펴고, 중앙의 접음선 쪽으로 양 끝을 접는다. 다리미로 정돈한다.

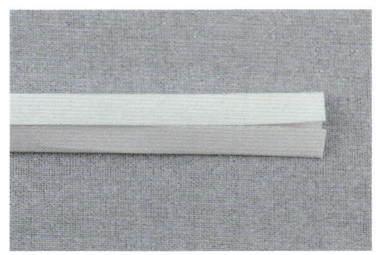

3 양쪽을 접은 바이어스 천 완성. 완성 사이즈(p.66의 재단 배치도를 참조)에 표시를 하고, 양 끝은 길게 남겨 둔다.

목둘레용 바이어스 천(안)

앞 요크(겉)

4 목둘레의 개더를 정돈해 완성 사이즈 (S는 41cm, M은 42cm, L은 44cm)로 조정하고, 바이어스 천과 겉끼리 맞대어 시침핀을 촘촘히 꽂는다.

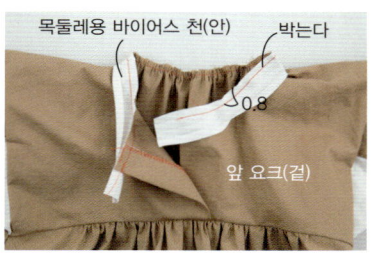

목둘레용 바이어스 천(안)   박는다

0.8

앞 요크(겉)

5 목둘레를 1바퀴 빙 둘러 박고 바이어스 천을 박아서 단다.

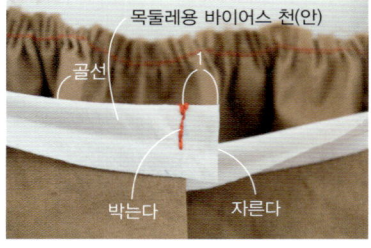

목둘레용 바이어스 천(안)

골선

박는다   자른다

6 바이어스 천을 5의 상태에서 일단 세우고, 겉끼리 맞닿게 반으로 접는다. 앞 끝의 완성선 위치를 박고, 시접을 1cm 남기고 자른다. 반대쪽도 같은 방법으로 박는다.

접는다

7 바이어스 천의 시접을 완성선에서 접고, 손가락으로 꽉 눌러 모양을 잡는다.

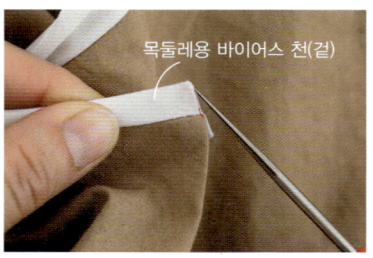

목둘레용 바이어스 천(겉)

8 바이어스 천을 겉으로 뒤집고, 송곳을 사용해 모서리 시접을 정돈한다.

박는다   0.2   0.8

9 바이어스 천의 시접을 안쪽으로 접어 넣고, 바이어스 폭을 정돈해 끝에서 0.2cm 안쪽을 박는다. 똑딱단추를 달면 완성.

How to make

● 만드는 법 설명 중 특별히 지정하지 않은 숫자의 단위는 cm이다.

● 이 책에 수록된 실물 대형 옷본에는 시접이 포함되지 않았다. p.50 및 각 작품의 만드는 법 페이지의 재단 배치도에 있는 지정된 숫자를 참조해 시접 넣은 옷본을 만들자.

● 직선 파트는 재단 배치도에 치수가 기재되어 있다. 천에 직접 선을 그려서 재단하자(직선 재단).

● 재료 분량은 어디까지나 표준이다. 사용할 천의 폭이나 무늬에 따라 치수가 달라질 수 있으니 주의하자.

● 재료에 표기한 고무줄 치수는 표준이므로 아이 사이즈에 맞춰 조정하자.

● 완성 치수의 옷 길이는 뒤 몸판의 넥 포인트에서 밑단까지, 팬츠 길이는 허리 벨트를 포함한 옆 길이를 기재했다.

이 책의 참고 치수

단위 : cm

사이즈	S	M	L
키	90~105	105~125	125~140
가슴둘레	50~54	54~62	62~68
허리둘레	48~51	51~55	55~57
엉덩이둘레	55~60	60~65.5	65.5~71

사이즈 고르는 법

● 부록 실물 대형 옷본은 S·M·L의 3개 사이즈이다.

● 왼쪽 참고 치수표는 각 사이즈의 누드 치수이다. 표를 기준으로 아이 치수에 가까운 사이즈를 고르자. 같은 사이즈도 디자인에 따라 여유분 넣는 방법이 달라진다. 또 입는 사람의 키나 스타일에 따라서도 느낌이 달라지기 때문에 취향에 맞춰서 조정하자.

● 각 작품의 완성 치수는 각각의 만드는 법 페이지에 표기했다. 함께 참조하자.

바느질의 기초

Step 1 실물 대형 옷본을 베끼고 시접 넣은 옷본을 만든다

부록 실물 대형 옷본에는 시접이 포함되지 않았다. 굵은 실선을 패턴지 등의 비치는 종이에 베끼고, 만드는 법 페이지에 기재되어 있는 재단 배치도를 참조해 시접 넣은 옷본을 만든다. 식서 방향선이나 턱, 맞춤 표시, 소매 다는 위치 등 옷본에 있는 기호도 모두 베끼고, 파트명도 적어두자.

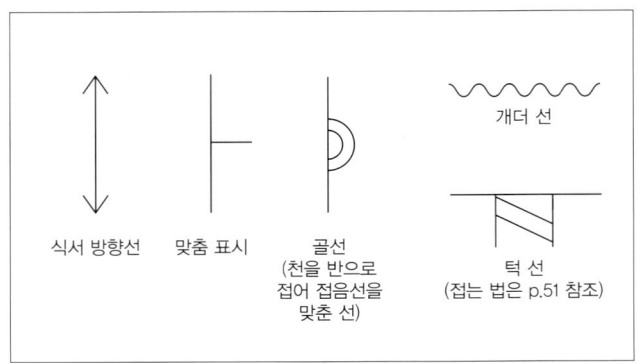

식서 방향선

맞춤 표시

골선
(천을 반으로 접어 접음선을 맞춘 선)

개더 선

턱 선
(접는 법은 p.51 참조)

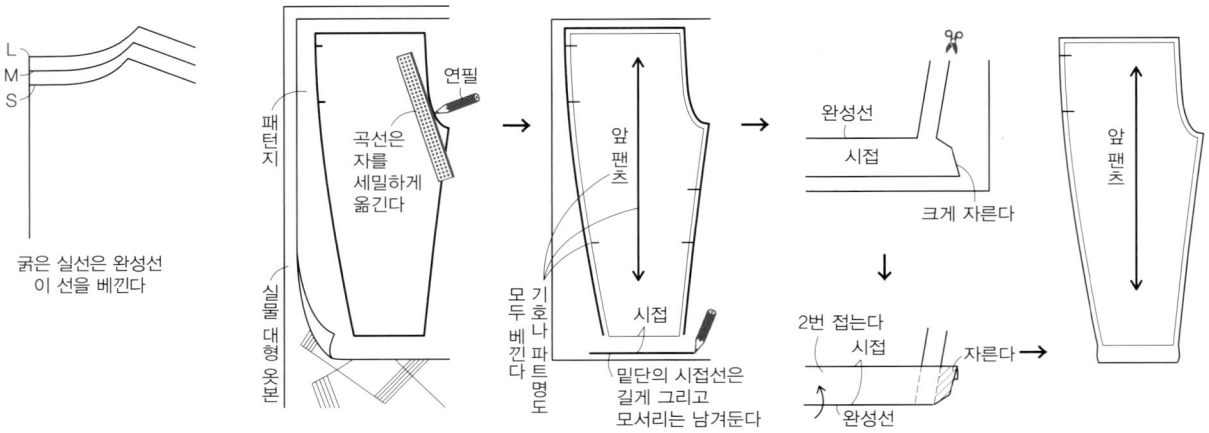

L
M
S

패턴지

곡선은 자를 세밀하게 옮긴다

연필

굵은 실선은 완성선
이 선을 베낀다

실물 대형 옷본

기호나 파트명도 모두 베낀다

앞 팬츠

시접

밑단의 시접선은 길게 그리고 모서리는 남겨둔다

완성선

시접

크게 자른다

2번 접는다
시접

완성선

자른다

앞 팬츠

Step 2 천을 물에 담근다

목면이나 마 등 물에 담그면 줄어드는 천은 미리 물에 담가 수축시킨다. 하룻밤 물에 담가서 가볍게 탈수하고, 모양을 정돈한 뒤 그늘에서 말리고, 올을 수직 방향으로 정돈하며 다림질한다. 천의 주름이나 촉감을 살리고 싶을 때는 다리미를 사용하지 않고 손으로 올을 정돈한다.

식서에 대하여

천의 양 끝을 '귀'라고 한다. 귀와 평행인 것이 '세로 방향', 수직인 것이 '가로 방향'이다. 옷본이나 재단 배치의 화살표(식서 방향선)는 '세로 방향'에 맞춘다.

Step 3 천을 재단한다

시접 넣은 옷본을 천의 안쪽에 놓고, 옷본의 식서 방향선과 천의 세로 방향을 맞춰 시침핀으로 고정한 뒤 재단한다. 옷본에 '골선' 기호가 있는 선은 오른쪽 그림처럼 천의 접음선에 맞춘다.

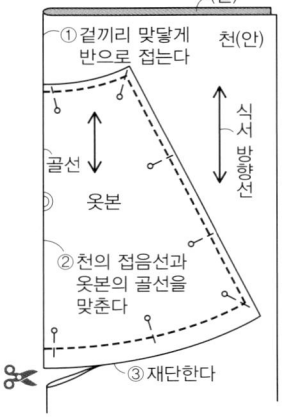

(겉)

① 겉끼리 맞닿게 반으로 접는다

천(안)

골선

옷본

식서 방향선

② 천의 접음선과 옷본의 골선을 맞춘다

③ 재단한다

Step4 옷본을 떼어내기 전에 표시를 한다

천을 재단하고, 옷본을 떼어내기 전에 맞춤 표시나 앞·뒤 중심, 밑단 모서리 등의 시접 부분에 가위집(0.3cm 정도의 노치)을 넣는다.

※ 단추 다는 위치 등 안쪽 표시는 송곳이나 수예용 복사지를 이용해 표시하자.

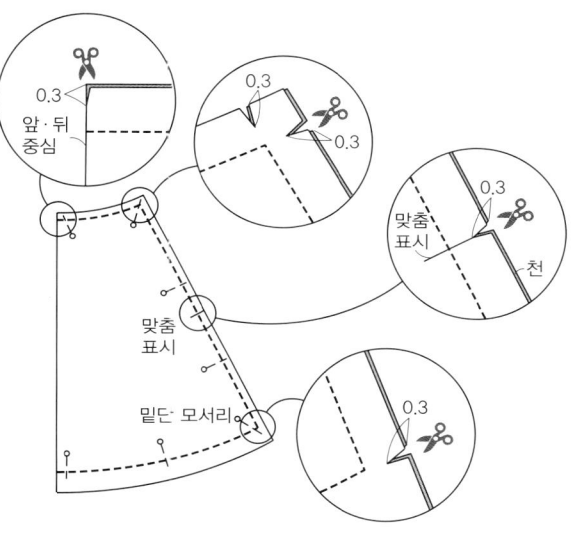

● 단춧구멍 크기와 위치

《단춧구멍 크기》

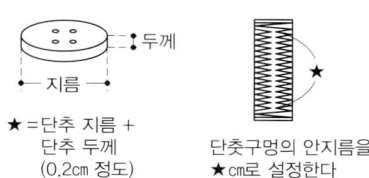

★ = 단추 지름 + 단추 두께 (0.2cm 정도)

단춧구멍의 안지름을 ★cm로 설정한다

《단춧구멍 위치》

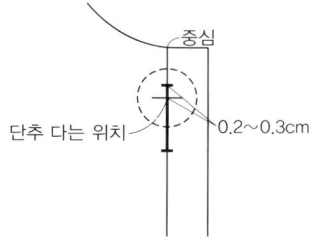

Step5 재봉 준비

아래 표를 참고해 천에 적합한 재봉실과 재봉 바늘을 사용하자. 재봉실은 번수가 커질수록 가늘고, 재봉 바늘은 번수가 커질수록 굵다. 또 재봉실은 윗실·아랫실 모두 같은 것을 사용하는 것이 기본이다.

● 바늘과 실 고르는 법

천의 종류	재봉실	재봉 바늘
얇은 천(론, 보일…)	90번	7·9번
보통 천(리넨, 브로드…)	60번	9·11번
두꺼운 천(데님, 울…)	30번	11·14번

● 재봉틀에 시접 폭을 표시한다

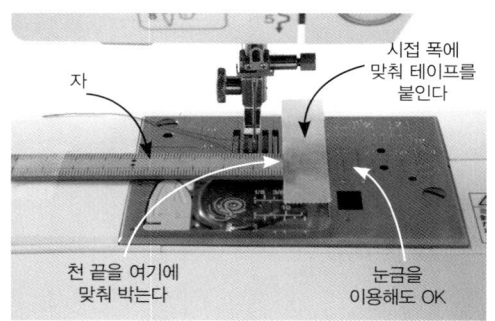

천 끝을 재봉틀의 눈금 또는 테이프에 맞춰 박으면 완성선을 그리지 않고 일정한 간격으로 박을 수 있다

● 턱 접는 법

사선의 위쪽에서 아래쪽으로 접는다.
아래 그림의 경우는 A 선상에 A' 선을 겹친다.

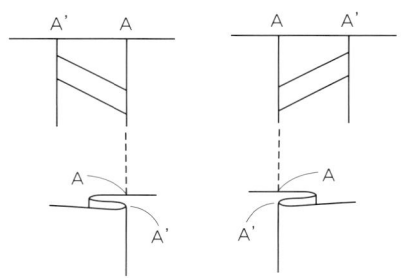

A-1 프렌치 슬리브의 심플 블라우스

Photo p.04   실물 대형 옷본   A면

● **완성 치수**(왼쪽부터 S / M / L)

가슴둘레…80.3 / 88.3 / 94.3cm

옷 길이…49 / 53 / 57cm

● **재료**(왼쪽부터 S / M / L)

CHECK & STRIPE 오리지널 내추럴 리넨 깅엄
(라일락)…110cm 폭×125 / 130 / 135cm

지름 1.2cm 똑딱단추…1쌍

● **박는 순서**

1 위 몸판과 안단 어깨를 박는다
2 목둘레를 안단으로 마무리한다
3 소맷부리를 2번 접어 박는다
4 아래 몸판 턱을 접고, 위 몸판과 박는다
5 옆을 박는다
6 밑단을 2번 접어 박는다
7 똑딱단추를 단다

● **재단 배치도**

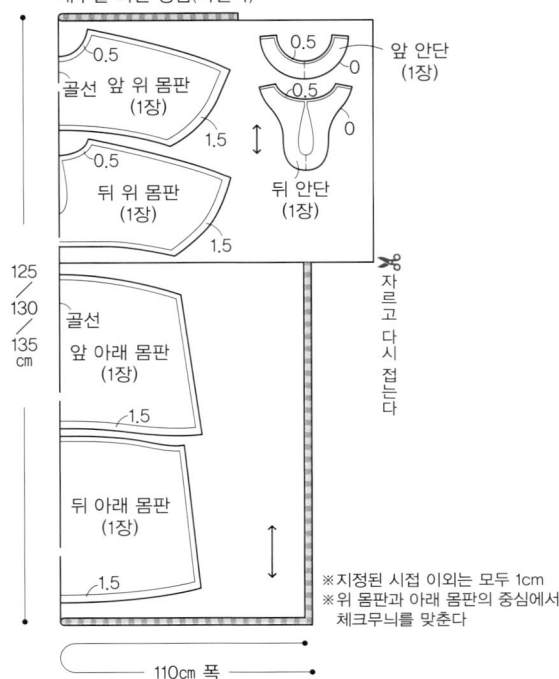

내추럴 리넨 깅엄(라일락)

0.5
골선 앞 위 몸판
(1장)
1.5

0.5
뒤 위 몸판
(1장)
1.5

0.5   0.5
0   0
앞 안단
(1장)

뒤 안단
(1장)

자르고 다시 접는다

125
130
135
cm

골선
앞 아래 몸판
(1장)
1.5

뒤 아래 몸판
(1장)
1.5

110cm 폭

※ 지정된 시접 이외는 모두 1cm
※ 위 몸판과 아래 몸판의 중심에서 체크무늬를 맞춘다

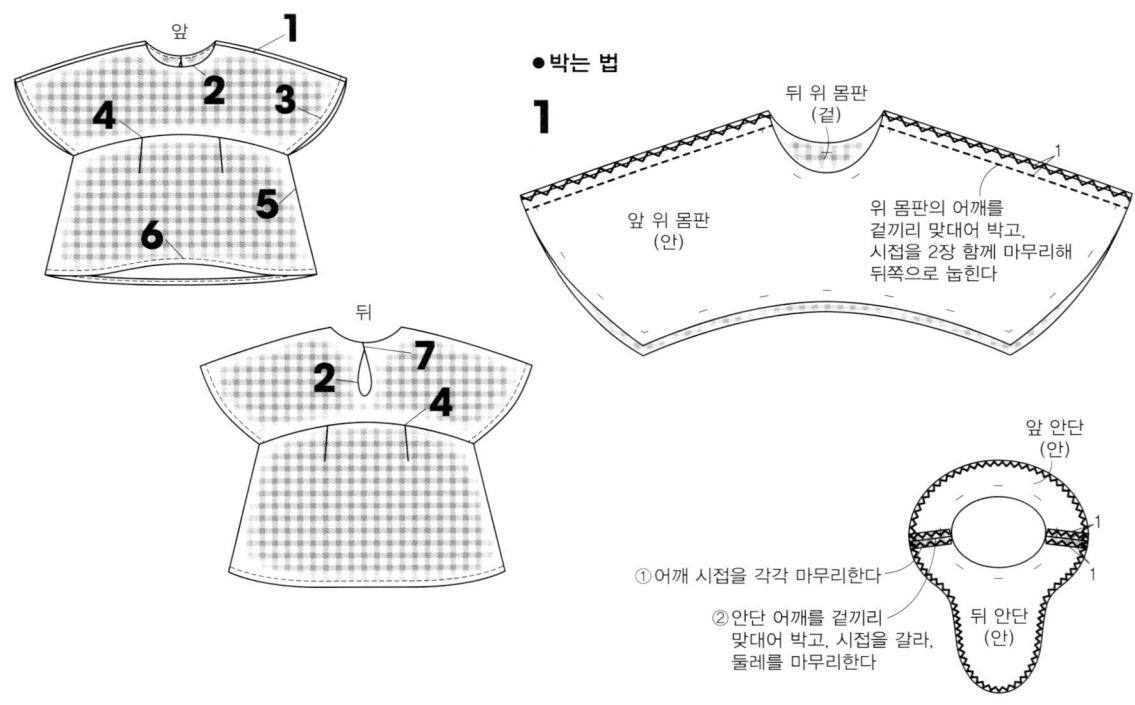

앞

1
2 3
4
5
6

뒤

2 7
4

● **박는 법**

1

뒤 위 몸판
(겉)

앞 위 몸판
(안)

1

위 몸판의 어깨를
겉끼리 맞대어 박고,
시접을 2장 함께 마무리해
뒤쪽으로 눕힌다

앞 안단
(안)

1

뒤 안단
(안)

①어깨 시접을 각각 마무리한다

②안단 어깨를 겉끼리
맞대어 박고, 시접을 갈라,
둘레를 마무리한다

2

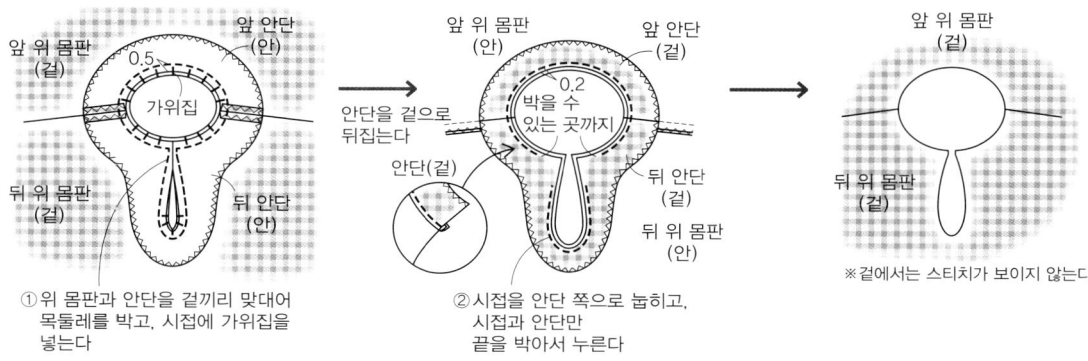

앞 위 몸판
(겉)

앞 안단
(안)

0.5

가위집

뒤 위 몸판
(겉)

뒤 안단
(안)

① 위 몸판과 안단을 겉끼리 맞대어
목둘레를 박고, 시접에 가위집을
넣는다

안단을 겉으로
뒤집는다

앞 위 몸판
(안)

앞 안단
(겉)

0.2

박을 수
있는
곳까지

안단(겉)

뒤 안단
(겉)

뒤 위 몸판
(안)

② 시접을 안단 쪽으로 눕히고,
시접과 안단만
끝을 박아서 누른다

앞 위 몸판
(겉)

뒤 위 몸판
(겉)

※겉에서는 스티치가 보이지 않는다

3

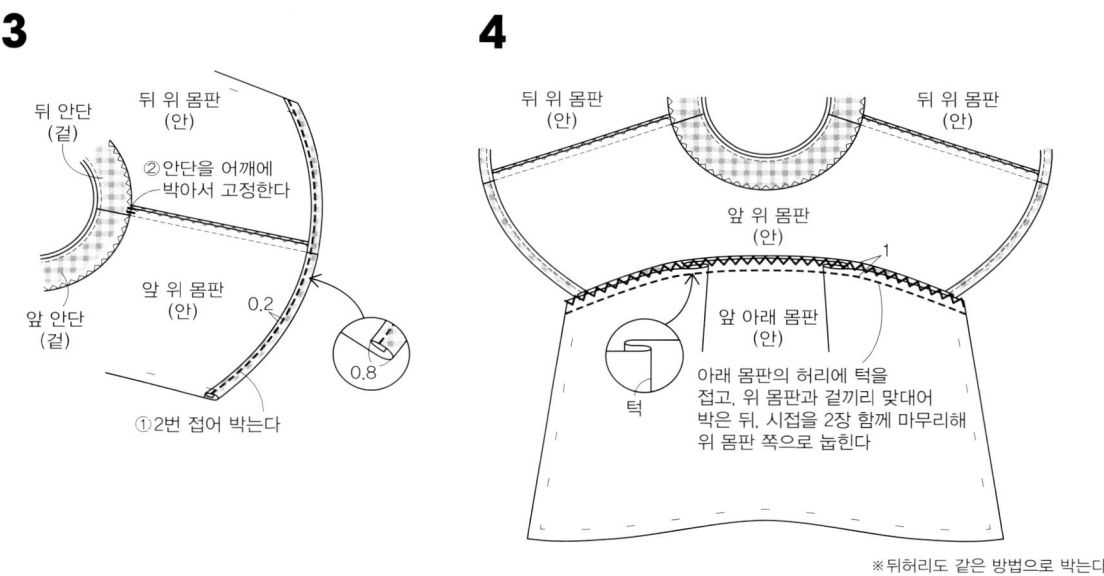

뒤 안단
(겉)

뒤 위 몸판
(안)

② 안단을 어깨에
박아서 고정한다

앞 안단
(겉)

앞 위 몸판
(안)

0.2

0.8

①2번 접어 박는다

4

뒤 위 몸판
(안)

뒤 위 몸판
(안)

앞 위 몸판
(안)

1

앞 아래 몸판
(안)

턱

아래 몸판의 허리에 턱을
접고, 위 몸판과 겉끼리 맞대어
박은 뒤, 시접을 2장 함께 마무리해
위 몸판 쪽으로 눕힌다

※뒤허리도 같은 방법으로 박는다

5

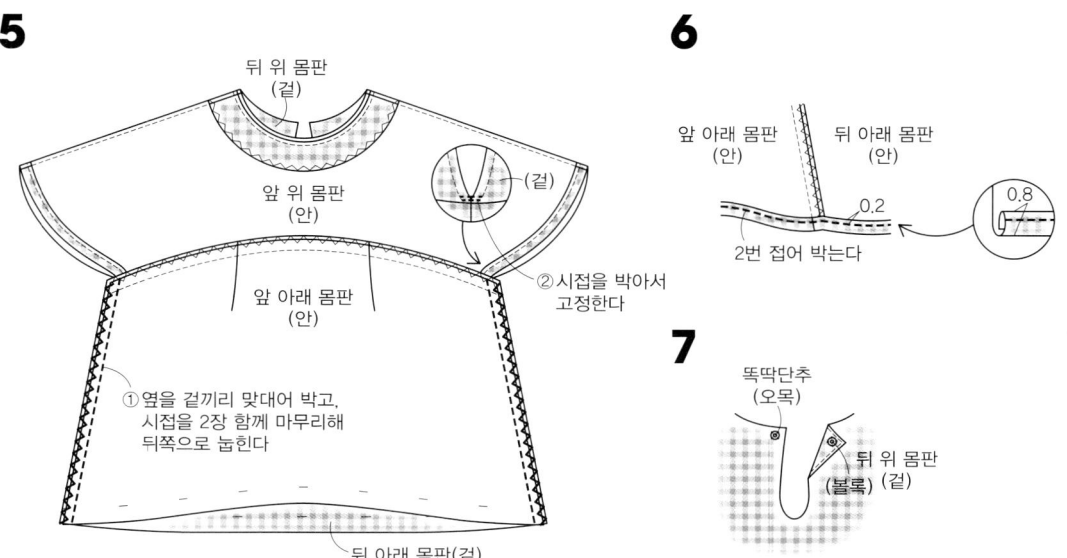

뒤 위 몸판
(겉)

앞 위 몸판
(안)

앞 아래 몸판
(안)

(겉)

② 시접을 박아서
고정한다

① 옆을 겉끼리 맞대어 박고,
시접을 2장 함께 마무리해
뒤쪽으로 눕힌다

뒤 아래 몸판(겉)

6

앞 아래 몸판
(안)

뒤 아래 몸판
(안)

0.2

0.8

2번 접어 박는다

7

똑딱단추
(오목)

뒤 위 몸판
(볼록) (겉)

A-2 앞 단추의 반소매 블라우스

Photo p.05   실물 대형 옷본   A면

●완성 치수(왼쪽부터 S/M/L)

가슴둘레…80.3 / 88.3 / 94.3cm

옷 길이…49 / 53 / 57cm

●재료(왼쪽부터 S/M/L)

자연 건조 빈티지 워싱 CM40 타이프라이터
(D14 퍼플)…148cm 폭×105 / 110 / 115cm

지름 1cm 단추…6개

●박는 순서

1 위 몸판과 안단 어깨를 박는다
2 몸판과 소매를 박는다
3 소맷부리를 2번 접어 박는다
4 아래 몸판에 턱을 접고, 위 몸판과 박는다
5 목둘레를 안단으로 마무리한다
6 옆을 박는다
7 밑단을 2번 접어 박는다
8 앞 끝을 2번 접어 박는다
9 단춧구멍을 만들고, 단추를 단다

●재단 배치도

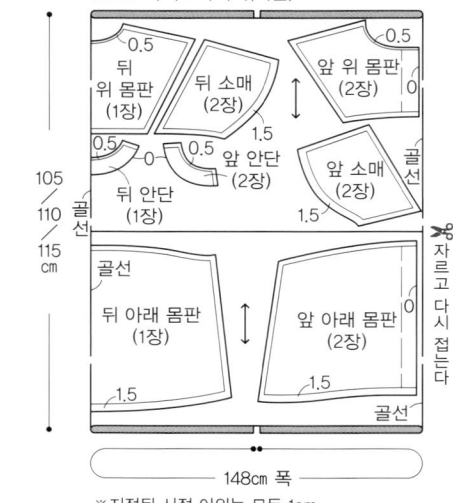

자연 건조 빈티지 워싱
CM40 타이프라이터(퍼플)

※1·3·4는 p.52와 같다
5는 p.53의 2,
7은 p.53의 5·6과 같다

※지정된 시접 이외는 모두 1cm

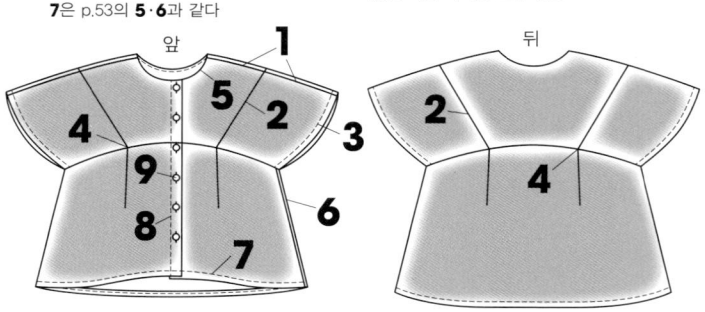

●박는 법

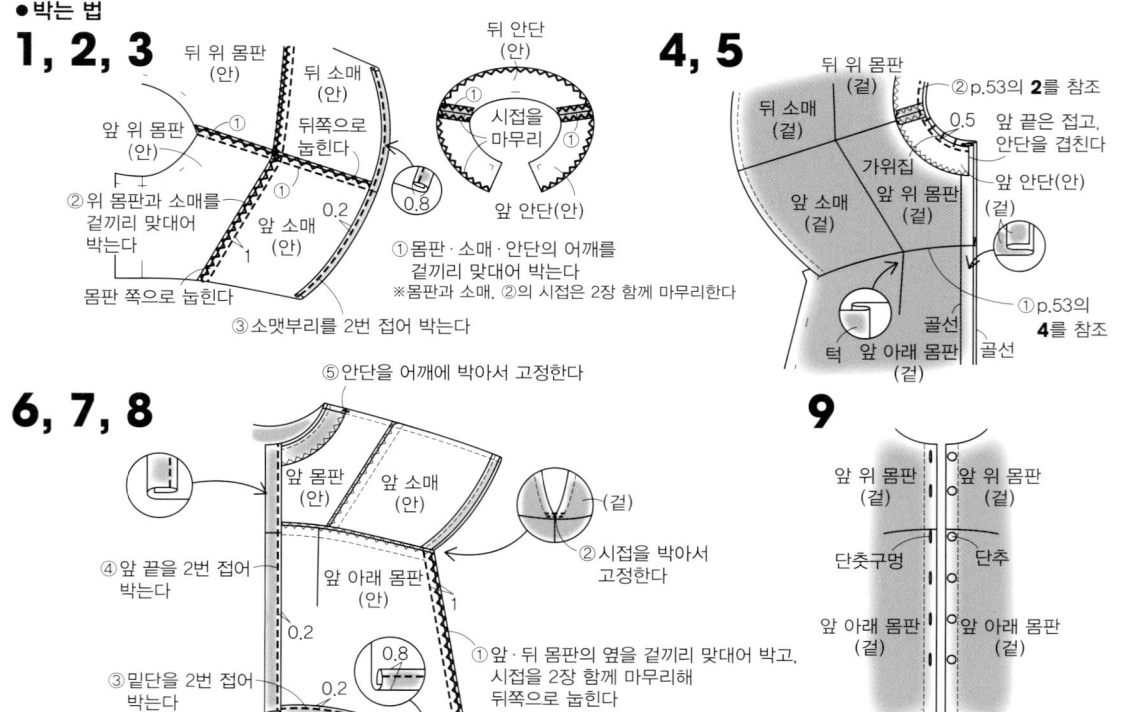

A-3 어깨 프릴 반소매 블라우스

Photo **p.06**   실물 대형 옷본   A면

● **완성 치수**(왼쪽부터 S/M/L)

가슴둘레…80.3 / 88.3 / 94.3cm

옷 길이…49 / 53 / 57cm

● **재료**(왼쪽부터 S/M/L)

CHECK & STRIPE 오리지널 천사 리넨(화이트)
…100cm 폭×150 / 155 / 160cm

지름 1.1cm 똑딱단추…1쌍

● **박는 순서**

1 위 몸판과 안단의 어깨를 박는다
2 목둘레를 안단으로 마무리한다
3 소맷부리를 2번 접어 박는다
4 소매산에 개더를 잡고, 몸판에 단다
5 아래 몸판에 턱을 접고, 위 몸판과 박는다
6 옆을 박는다
7 밑단을 2번 접어 박는다
8 똑딱단추를 단다

● **재단 배치도**

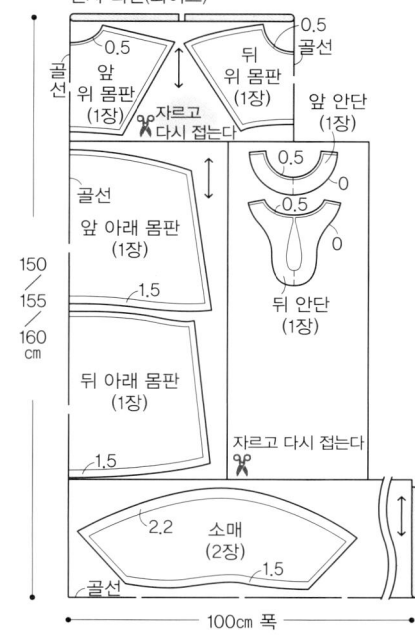

천사 리넨(화이트)

※지정된 시접 이외는 모두 1cm

※**1·2·3**은 p.52와 같다
5·6·7·8은 p.53의
4·5·6·7과 같다

● **박는 법**

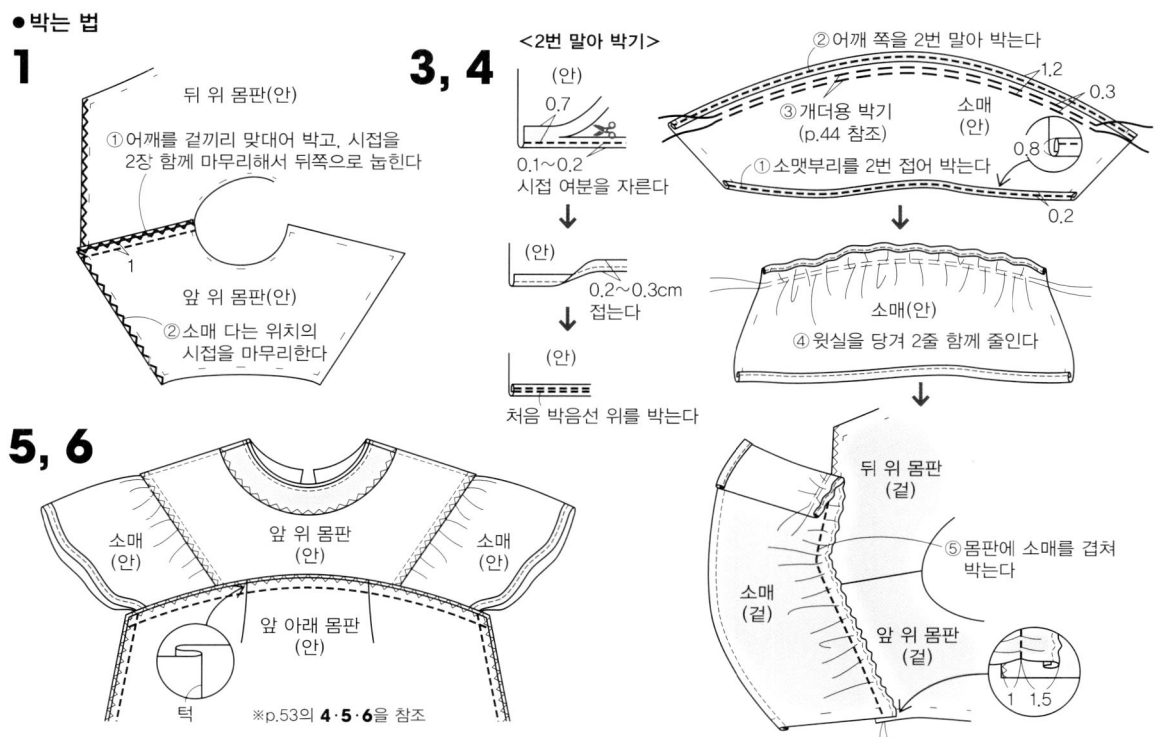

55

C 리본 블라우스

Photo p.10　　실물 대형 옷본　A면

● **완성 치수**(왼쪽부터 S／M／L)

가슴둘레…92.3／100.3／106.3cm

옷 길이…46／48／50.5cm

● **재료**(왼쪽부터 S／M／L)

CHECK＆STRIPE 오리지널 부드러운 리넨(차콜 그레이)

…120cm 폭×110cm(3개 사이즈 공통)

CHECK＆STRIPE 오리지널 수피마 코튼 깅엄 체크(블랙)

…105cm 폭×25／35／40cm

지름 1cm 단추…1개

크기 0.2cm 둥근 코드…4cm

● **박는 순서**

1　리본을 만든다

2　앞 중심을 트임 끝까지 박고, 트임을 만든다

3　왼쪽 어깨를 박는다

4　오른쪽 앞 이음 위치에 리본을 끼워 박는다

5　목둘레를 바이어스 천으로 마무리한다

6　옆을 박는다

7　소매를 만들고, 몸판에 단다

8　밑단을 2번 접어 박는다

9　왼쪽 앞을 접고, 리본을 끼워 박는다

10　단추를 단다

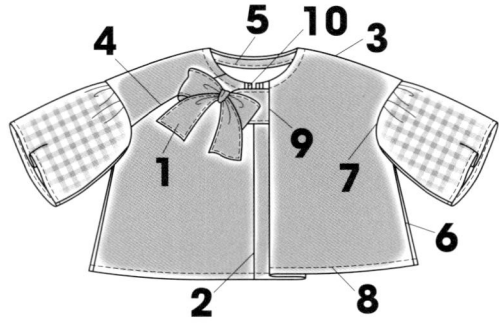

● **재단 배치도**

부드러운 리넨(차콜 그레이)

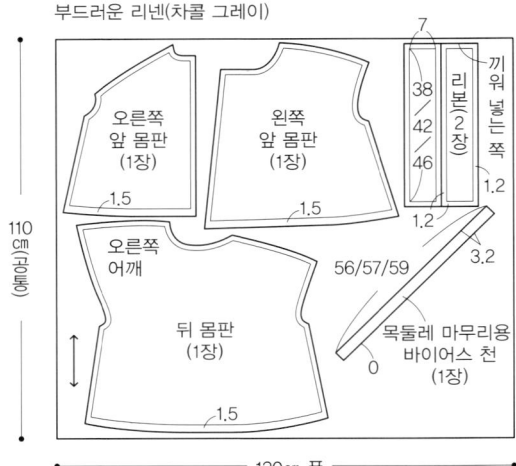

오른쪽 앞 몸판 (1장)

왼쪽 앞 몸판 (1장)

7

38 42 46

리본(2장)

끼워 넣는 쪽

1.5　1.5

1.2

1.2

오른쪽 어깨

3.2

56/57/59

뒤 몸판 (1장)

0

목둘레 마무리용 바이어스 천 (1장)

1.5

110 ㎝(공통)

120cm 폭

※지정된 시접 이외는 모두 1cm

수피마 코튼 깅엄 체크 (블랙)

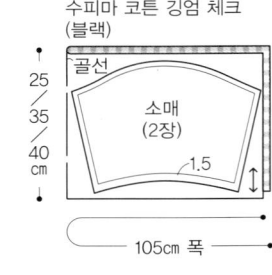

25 35 40 cm

골선

소매 (2장)

1.5

105cm 폭

● **박는 법**

1

0.7

0.2

끼워 넣는 쪽

리본(안)

끼워 넣는 쪽을 제외하고 2번 접어 박는다
(2장 만든다)

2

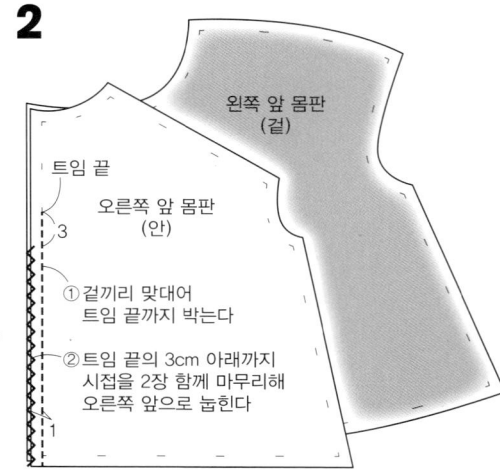

왼쪽 앞 몸판 (겉)

트임 끝

오른쪽 앞 몸판 (안)

3

① 겉끼리 맞대어 트임 끝까지 박는다

② 트임 끝의 3cm 아래까지 시접을 2장 함께 마무리해 오른쪽 앞으로 눕힌다

1

0.5　0.2

③트임을 2번 접어 스티치로 누른다

트임 끝

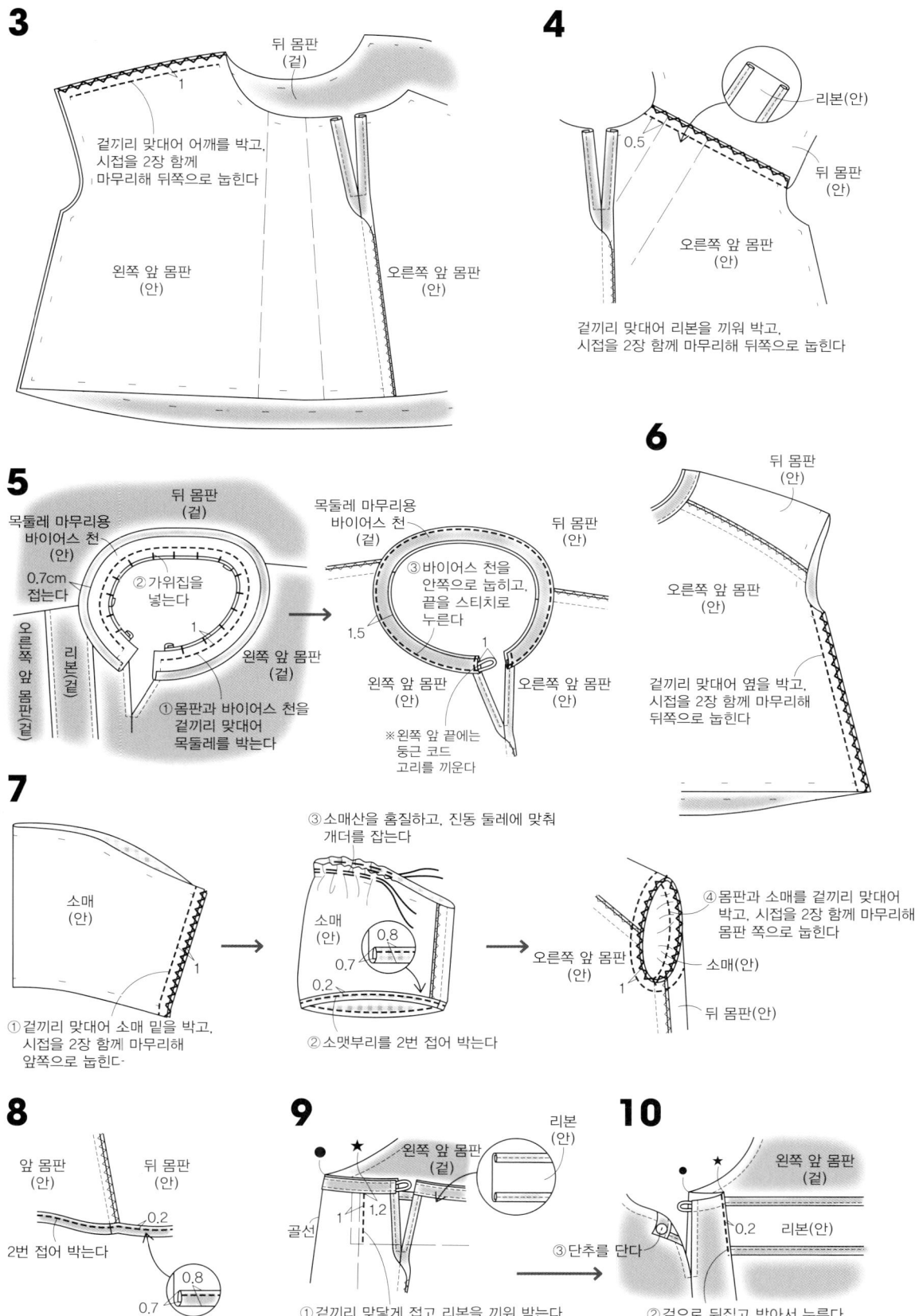

3

뒤 몸판
(겉)

1

겉끼리 맞대어 어깨를 박고,
시접을 2장 함께
마무리해 뒤쪽으로 눕힌다

왼쪽 앞 몸판
(안)

오른쪽 앞 몸판
(안)

4

리본(안)

0.5

뒤 몸판
(안)

오른쪽 앞 몸판
(안)

겉끼리 맞대어 리본을 끼워 박고,
시접을 2장 함께 마무리해 뒤쪽으로 눕힌다

5

뒤 몸판
(겉)

목둘레 마무리용
바이어스 천
(안)

0.7cm
접는다

② 가위집을
넣는다

1

왼쪽 앞 몸판
(겉)

오른쪽 앞 몸판(겉)

리본(겉)

① 몸판과 바이어스 천을
겉끼리 맞대어
목둘레를 박는다

목둘레 마무리용
바이어스 천
(겉)

뒤 몸판
(안)

③ 바이어스 천을
안쪽으로 눕히고,
끝을 스티치로
누른다

1.5

1

왼쪽 앞 몸판
(안)

오른쪽 앞 몸판
(안)

※왼쪽 앞 끝에는
둥근 코드
고리를 끼운다

6

뒤 몸판
(안)

오른쪽 앞 몸판
(안)

겉끼리 맞대어 옆을 박고,
시접을 2장 함께 마무리해
뒤쪽으로 눕힌다

7

소매
(안)

1

① 겉끼리 맞대어 소매 밑을 박고,
시접을 2장 함께 마무리해
앞쪽으로 눕힌다

③ 소매산을 홈질하고, 진동 둘레에 맞춰
개더를 잡는다

소매
(안)

0.8

0.7

0.2

② 소맷부리를 2번 접어 박는다

④ 몸판과 소매를 겉끼리 맞대어
박고, 시접을 2장 함께 마무리해
몸판 쪽으로 눕힌다

오른쪽 앞 몸판
(안)

소매(안)

1

뒤 몸판(안)

8

앞 몸판
(안)

뒤 몸판
(안)

0.2

2번 접어 박는다

0.8

0.7

9

왼쪽 앞 몸판
(겉)

리본(안)

골선

1   1.2

① 겉끼리 맞닿게 접고 리본을 끼워 박는다

10

왼쪽 앞 몸판
(겉)

③단추를 단다

0.2

리본(안)

② 겉으로 뒤집고 박아서 누른다

B 개더 블라우스

Photo p.08　　실물 대형 옷본　A면

●**완성 치수**(왼쪽부터 S/M/L)

가슴둘레…55/63/69cm

옷 길이…43.5/47.5/51.5cm

●**재료**(왼쪽부터 S/M/L)

60/타이프라이터(4 베이지)

…114cm 폭×150/155/160cm

소프트한 느낌의 면마 캔버스(머스터드)

…108cm 폭×40cm(3개 사이즈 공통)

지름 1.1cm 똑딱단추…1쌍

●**박는 순서**

1　요크와 안단의 어깨를 박는다

2　목둘레와 뒤트임을 안단으로 마무리한다

3　소맷부리에 개더를 잡고, 바이어스 천으로 마무리한다

4　소매산에 개더를 잡고, 요크에 단다

5　앞·뒤 몸판에 개더를 잡고, 요크에 단다

6　소매 밑~옆을 박는다

7　밑단을 2번 접어 박는다

8　똑딱단추를 단다

●**재단 배치도**

60/타이프라이터(베이지)

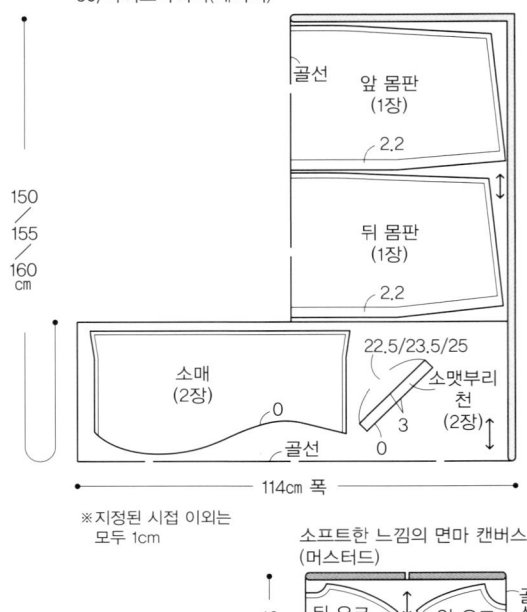

※지정된 시접 이외는
모두 1cm

소프트한 느낌의 면마 캔버스
(머스터드)

●**박는 법**

※**1·2**는 p.75의 **1·2**, **7**은 p.57의 **8**,
　8은 p.75의 **7** 참조

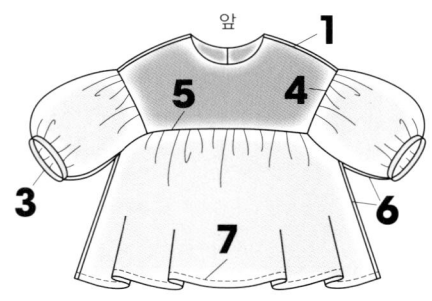

3, 4

①소맷부리에 개더를 잡고
(p.44 참조),
소맷부리 천으로 감싸서
박는다

②소매산에 개더를 잡고,
요크와 겉끼리 맞대어
박은 뒤 시접을 2장 함께
마무리해 요크 쪽으로 눕힌다

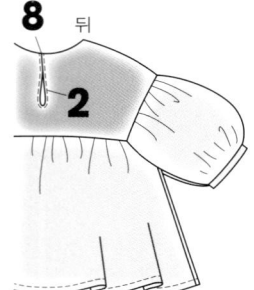

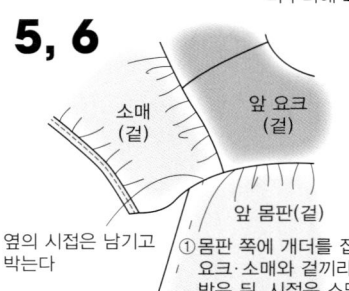

5, 6

옆의 시접은 남기고
박는다

①몸판 쪽에 개더를 잡고,
요크·소매와 겉끼리 맞대어
박은 뒤, 시접은 소맷부리에서
소맷부리까지 한 번에 마무리하고,
요크 쪽으로 눕힌다(뒤도 같은 방법)

⑤시접을 눕히고
박아서 고정한다

⑥안단을 어깨에
박아서 고정한다

②소매를 겉끼리
맞대고, 소매 밑도
박음질 끝까지
박는다

③몸판의 옆 시접을
앞·뒤 각각 마무리한다

④밑단에서 소매 밑까지 옆을
겉끼리 맞대어 박고,
시접을 가른다

H-2 뒤 리본 원피스

Photo **p.28**   실물 대형 옷본   C면

● **완성 치수**(왼쪽부터 S / M / L)

가슴둘레…93 / 101 / 107cm

옷 길이…53 / 61 / 72cm

● **재료**(왼쪽부터 S / M / L)

리넨 T3060 헤링본

…140cm 폭×130 / 140 / 160cm

소프트한 느낌의 면마 캔버스(네이비)

…108cm 폭×50cm(3개 사이즈 공통)

1cm 폭 고무줄(허리용)…앞 42 / 44 / 45cm×1개

　　　　　　　　　　　　뒤 44 / 46 / 47cm×1개

0.5cm 폭 고무줄(소맷부리용)…15 / 16 / 17.5cm×2개

● **박는 순서**

1　몸판과 소매를 박는다

2　어깨를 박고, 뒤 끝을 2번 접어 박은 뒤, 목둘레를 바이어스 천으로 마무리한다

3　소맷부리 천의 소맷부리를 2번 접어 박고, 고무줄을 끼운다

4　스커트에 개더를 잡아 몸판과 겉끼리 맞대어 박고, 고무줄 통로를 박은 뒤, 고무줄을 끼운다(p.61의 **6** 참조)

5　옆을 박는다

6　밑단을 2번 접어 박는다

7　리본을 만들고, 뒤트임에 박아서 고정한다

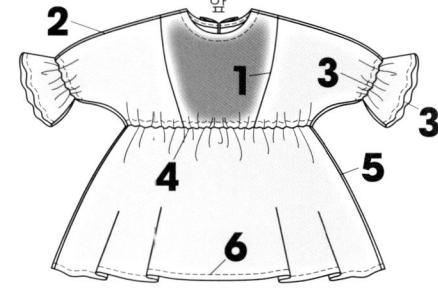

● **재단 배치도**

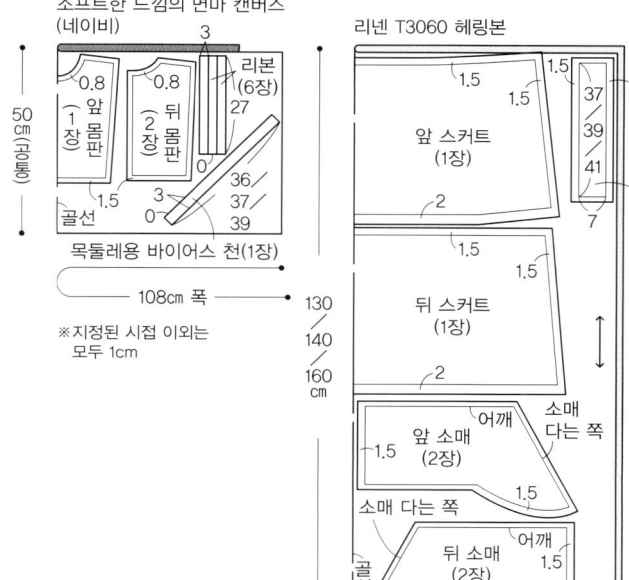

소프트한 느낌의 면마 캔버스
(네이비)

리넨 T3060 헤링본

※지정된 시접 이외는
모두 1cm

● **박는 법**

1, 2, 3

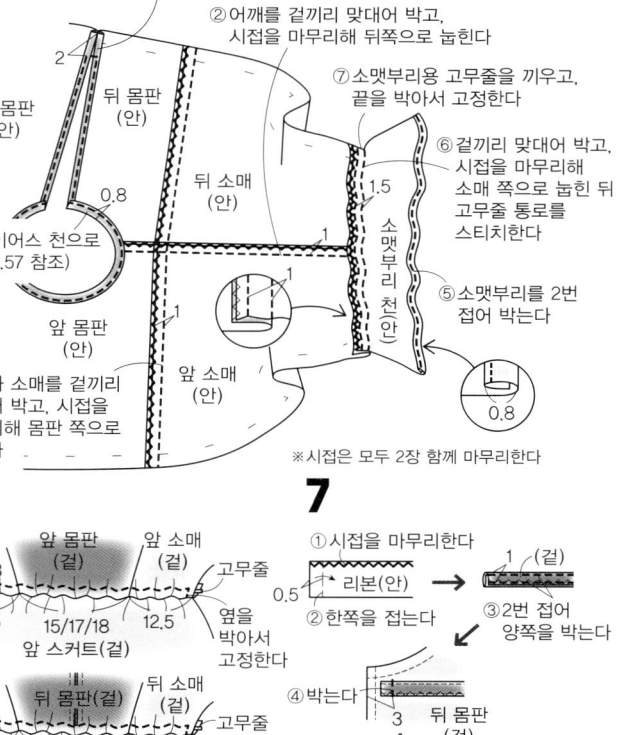

③뒤 중심의 밑단을 겉끼리 맞대어 박고, 시접을 가른 뒤 2번 접어 박는다

②어깨를 겉끼리 맞대어 박고, 시접을 마무리해 뒤쪽으로 눕힌다

⑦소맷부리용 고무줄을 끼우고, 끝을 박아서 고정한다

⑥겉끼리 맞대어 박고, 시접을 마무리해 소매 쪽으로 눕힌 뒤 고무줄 통로를 스티치한다

⑤소맷부리를 2번 접어 박는다

④목둘레를 바이어스 천으로 마무리한다(p.57 참조)

①몸판과 소매를 겉끼리 맞대어 박고, 시접을 마무리해 몸판 쪽으로 눕힌다

※시접은 모두 2장 함께 마무리한다

4

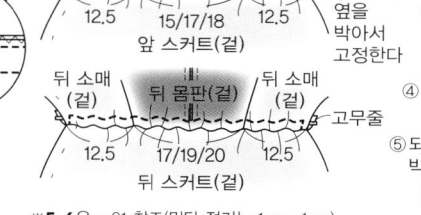

옆을 박아서 고정한다

※**5·6**은 p.61 참조(밑단 접기는 1cm→1cm)

7

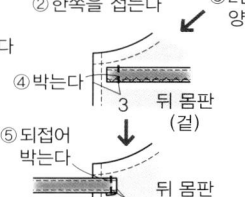

①시접을 마무리한다

②한쪽을 접는다

③2번 접어 양쪽을 박는다

④박는다

⑤되접어 박는다

H-1 올인원 팬츠

Photo p.26 　실물 대형 옷본 　C면

●**완성 치수**(왼쪽부터 S / M / L)
가슴둘레…93 / 101 / 107cm
옷 길이…80.3 / 92.3 / 101.3cm

●**재료**(왼쪽부터 S / M / L)
아이리시 리넨 빈티지 페이드 트윌 염색 가공(베이지)
…125cm 폭×180 / 190 / 200cm
아이리시 리넨 빈티지 페이드 트윌 염색 가공(흰색)
…125cm 폭×90 / 100 / 110cm
2cm 폭 늘어짐 방지 테이프…40cm
숨김 지퍼…길이 20 / 24 / 28cm×1개
1cm 폭 고무줄(허리용)…앞 42 / 44.5 / 46cm×1개
　　　　　　　　　　 뒤 44 / 46.5 / 48cm×1개
0.5cm 폭 고무줄(소맷부리용)…15 / 16 / 17.5cm×2개
0.5cm 폭 고무줄(팬츠 밑단용)…32 / 33 / 36cm×2개

●**박는 순서**
1 몸판과 소매를 박는다
2 어깨를 박는다
3 뒤 중심에 지퍼를 단다
4 목둘레를 바이어스 천으로 마무리한다(p.48 참조)
5 소맷부리 천의 소맷부리를 2번 접어 박고, 소매와 소
　 맷부리 천을 박은 뒤 고무줄을 끼운다(p.59의 **3** 참조)
6 앞·뒤의 밑위를 박는다
7 팬츠에 개더를 잡고, 몸판과 박은 뒤, 고무줄을 끼운다
8 소매 밑～옆을 박는다
9 밑단을 2번 접어 박고, 고무줄을 박아서 고정한다
10 밑아래를 박는다

※**1·2**는 p.59와 같다
7·8은 p.59의 **4·5**와 같다

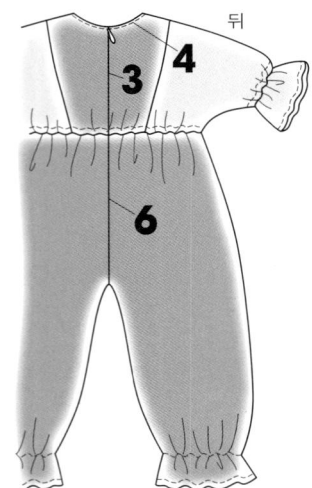
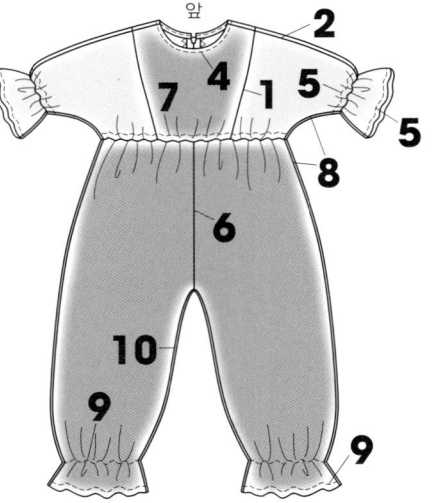

●**재단 배치도**
아이리시 리넨 빈티지
페이드 트윌 염색 가공(베이지)

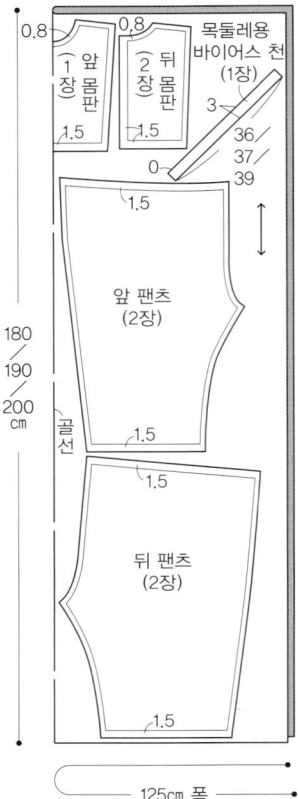

아이리시 리넨 빈티지
페이드 트윌 염색 가공(흰색)

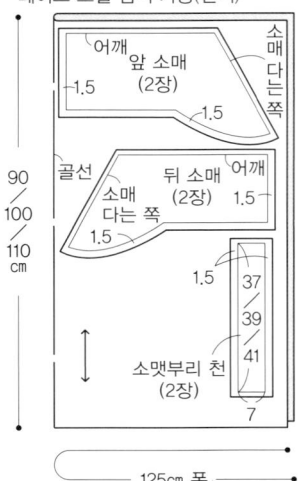

※지정된 시접 이외는 모두 1cm

60

● 박는 법

3

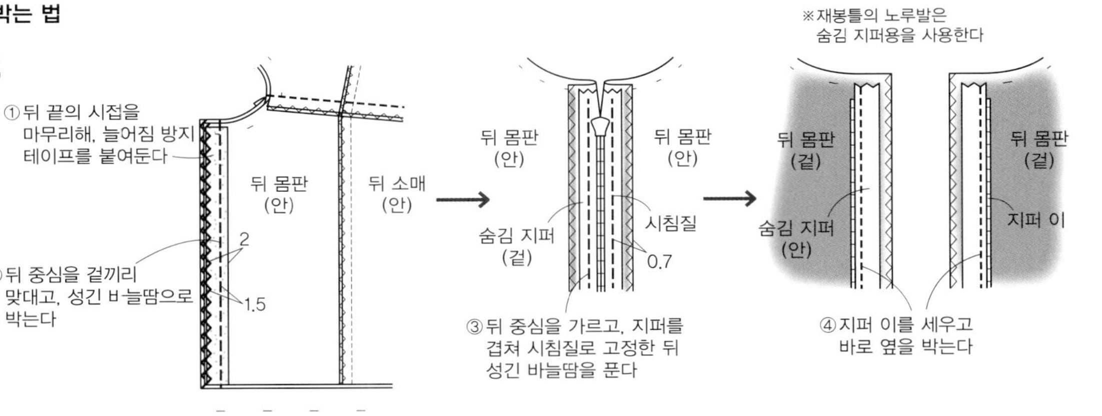

① 뒤 끝의 시접을
마무리해, 늘어짐 방지
테이프를 붙여둔다

뒤 몸판
(안)

뒤 소매
(안)

2

② 뒤 중심을 겉끼리
맞대고, 성긴 바늘땀으로
박는다

1.5

뒤 몸판
(안)

뒤 몸판
(안)

숨김 지퍼
(겉)

시침질
0.7

③ 뒤 중심을 가르고, 지퍼를
겹쳐 시침질로 고정한 뒤
성긴 바늘땀을 푼다

※재봉틀의 노루발은
숨김 지퍼용을 사용한다

뒤 몸판
(겉)

숨김 지퍼
(안)

뒤 몸판
(겉)

지퍼 이

④ 지퍼 이를 세우고
바로 옆을 박는다

6, 7

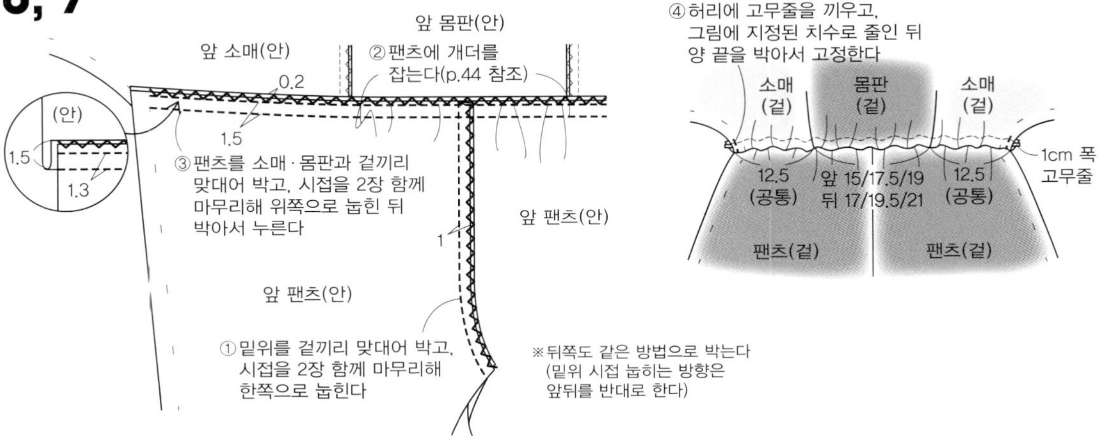

앞 소매(안)

0.2

앞 몸판(안)

② 팬츠에 개더를
잡는다(p.44 참조)

(안)

1.5
1.3

1.5

③ 팬츠를 소매·몸판과 겉끼리
맞대어 박고, 시접을 2장 함께
마무리해 위쪽으로 눕힌 뒤
박아서 누른다

앞 팬츠(안)

1

앞 팬츠(안)

① 밑위를 겉끼리 맞대어 박고,
시접을 2장 함께 마무리해
한쪽으로 눕힌다

※뒤쪽도 같은 방법으로 박는다
(밑위 시접 눕히는 방향은
앞뒤를 반대로 한다)

⑥ 허리에 고무줄을 끼우고,
그림에 지정된 치수로 줄인 뒤
양 끝을 박아서 고정한다

소매
(겉)

몸판
(겉)

소매
(겉)

12.5
(공통)

앞 15/17.5/19
뒤 17/19.5/21

12.5
(공통)

1cm 폭
고무줄

팬츠(겉)

팬츠(겉)

8, 9, 10

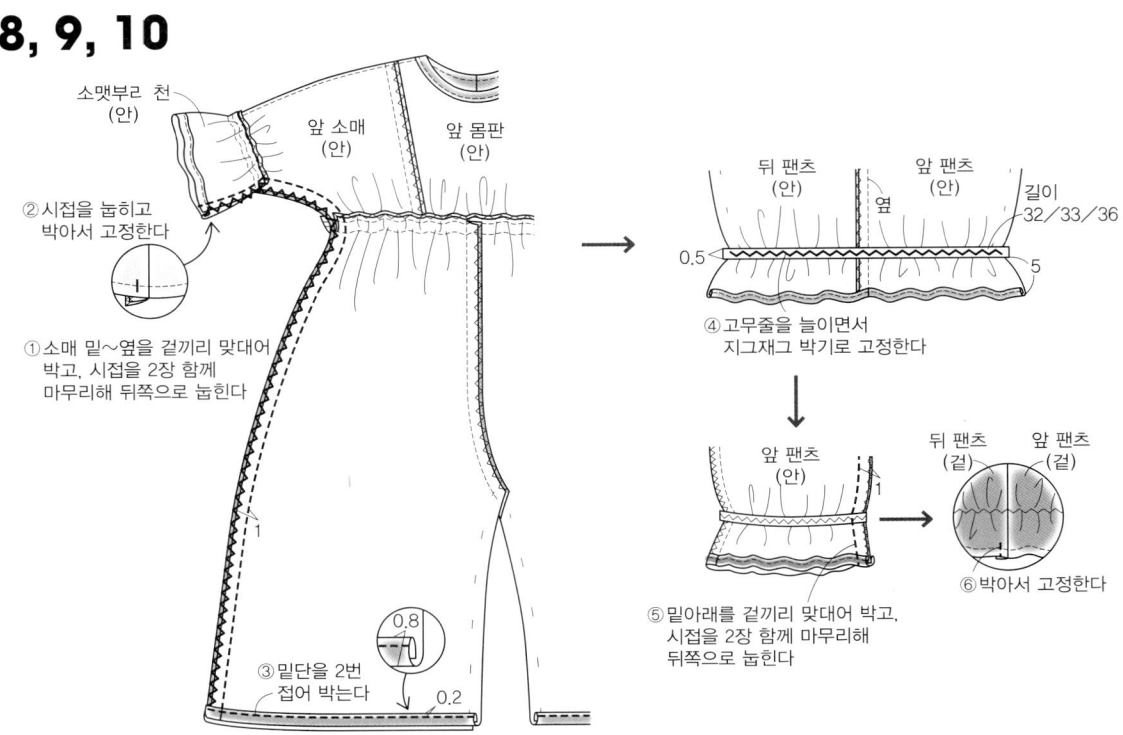

소맷부리 천
(안)

앞 소매
(안)

앞 몸판
(안)

② 시접을 눕히고
박아서 고정한다

① 소매 밑~옆을 겉끼리 맞대어
박고, 시접을 2장 함께
마무리해 뒤쪽으로 눕힌다

1

③ 밑단을 2번
접어 박는다

0.8
0.2

뒤 팬츠
(안)

옆

앞 팬츠
(안)

길이
32/33/36

0.5

5

④ 고무줄을 늘이면서
지그재그 박기로 고정한다

앞 팬츠
(안)

1

⑤ 밑아래를 겉끼리 맞대어 박고,
시접을 2장 함께 마무리해
뒤쪽으로 눕힌다

뒤 팬츠
(겉)

앞 팬츠
(겉)

⑥ 박아서 고정한다

D-1 옐로 스트라이프 원피스

Photo **p.14** 실물 대형 옷본 B면

● **완성 치수**(왼쪽부터 S / M / L)

가슴둘레…81 / 89 / 95cm

옷 길이…58.7 / 68.7 / 78.7cm

● **재료**(왼쪽부터 S / M / L)

folk made 오리지널 프린트(옐로 스트라이프)

…152cm 폭×140 / 150 / 160cm

0.7cm 폭 고무줄…15 / 16 / 17.5cm×2개

지름 1.1cm 똑딱단추…1쌍

● **박는 순서**

1 앞 몸판에 개더를 잡고, 앞 요크와 박는다

2 뒤 중심을 박고, 뒤트임을 바이어스 천으로 마무리한다

3 어깨를 박는다

4 목둘레를 바이어스 천으로 마무리한다

5 소맷부리를 2번 접어 박고, 고무줄을 끼운다

6 덧천을 달면서 소매 밑을 박는다

7 옆을 박는다

8 밑단을 2번 접어 박는다

9 똑딱단추를 단다

● **재단 배치도**

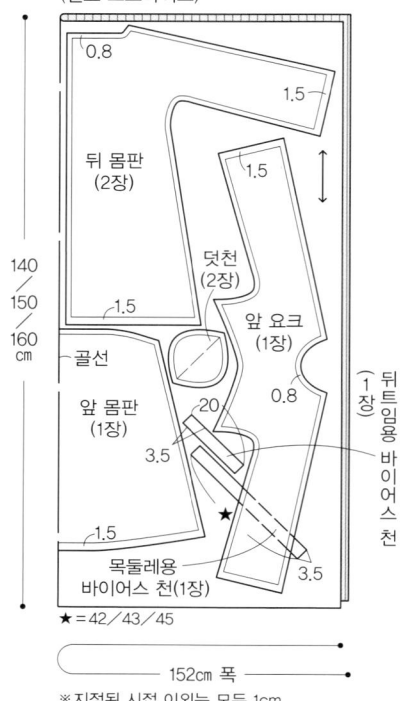

folk made 오리지널 프린트
(옐로 스트라이프)

★ ＝42／43／45

※지정된 시접 이외는 모두 1cm

● **박는 법**

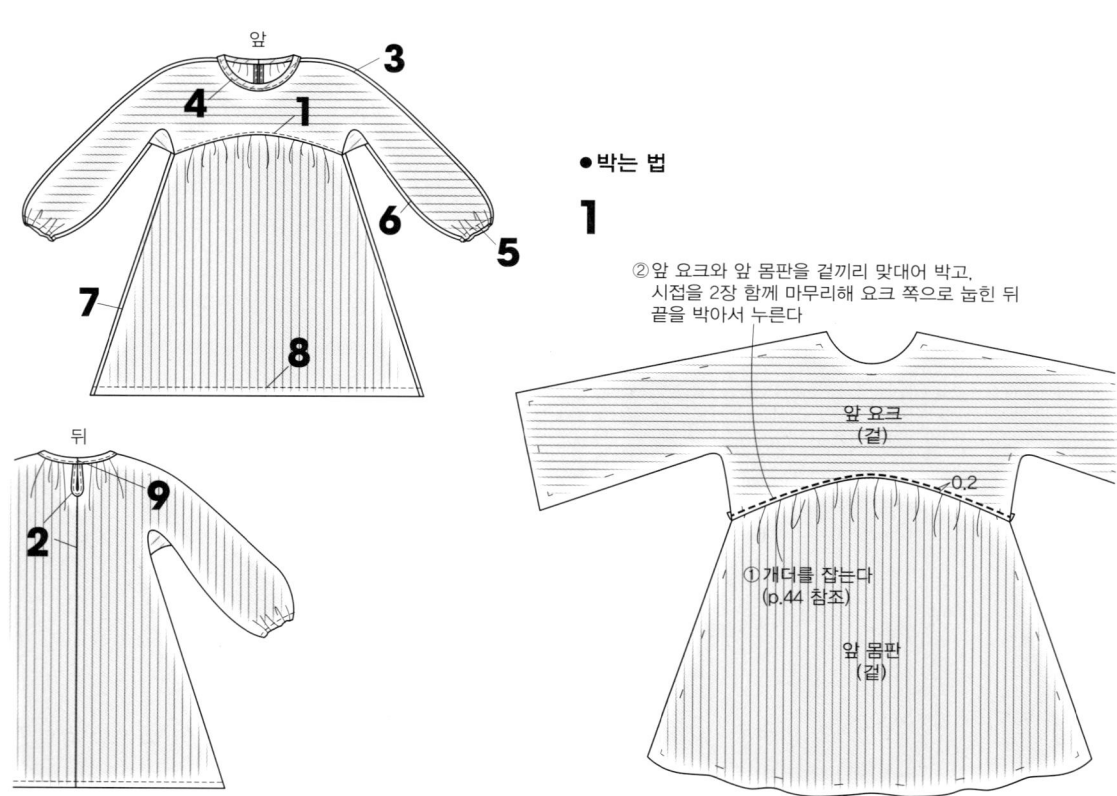

1

②앞 요크와 앞 몸판을 겉끼리 맞대어 박고,
시접을 2장 함께 마무리해 요크 쪽으로 눕힌 뒤
끝을 박아서 누른다

앞 요크
(겉)

0.2

①개더를 잡는다
(p.44 참조)

앞 몸판
(겉)

2

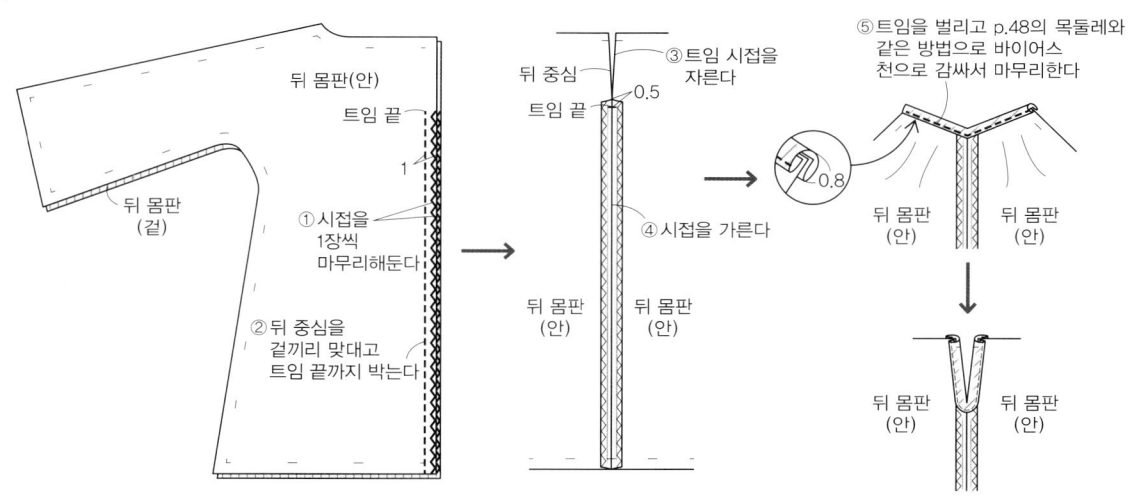

뒤 몸판(안)

뒤 몸판(겉)

트임 끝

1

① 시접을 1장씩 마무리해둔다

② 뒤 중심을 겉끼리 맞대고 트임 끝까지 박는다

뒤 중심

트임 끝

0.5

③ 트임 시접을 자른다

④ 시접을 가른다

뒤 몸판(안)

뒤 몸판(안)

⑤ 트임을 벌리고 p.48의 목둘레와 같은 방법으로 바이어스 천으로 감싸서 마무리한다

0.8

뒤 몸판(안)

뒤 몸판(안)

뒤 몸판(안)

뒤 몸판(안)

3, 4

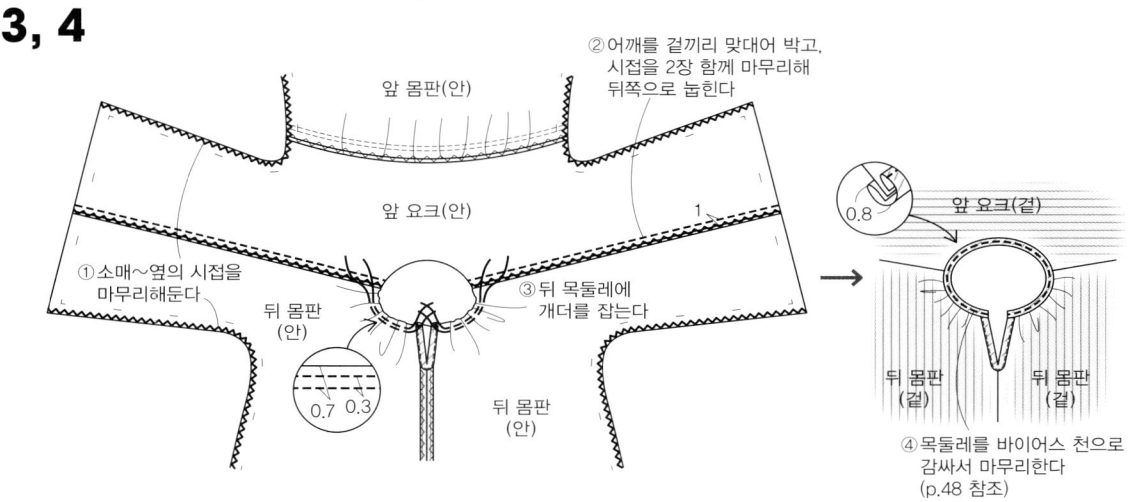

② 어깨를 겉끼리 맞대어 박고, 시접을 2장 함께 마무리해 뒤쪽으로 눕힌다

앞 몸판(안)

앞 요크(안)

1

① 소매~옆의 시접을 마무리해둔다

③ 뒤 목둘레에 개더를 잡는다

뒤 몸판(안)

0.7 0.3

뒤 몸판(안)

0.8

앞 요크(겉)

뒤 몸판(겉)

뒤 몸판(겉)

④ 목둘레를 바이어스 천으로 감싸서 마무리한다 (p.48 참조)

5, 6, 7

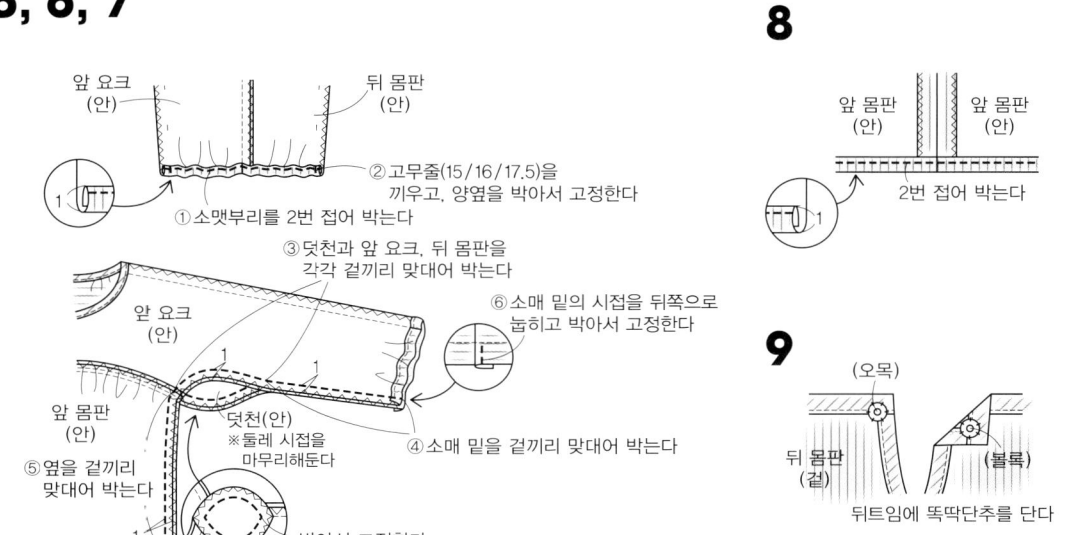

앞 요크(안)

뒤 몸판(안)

1

② 고무줄(15/16/17.5)을 끼우고, 양옆을 박아서 고정한다

① 소맷부리를 2번 접어 박는다

③ 덧천과 앞 요크, 뒤 몸판을 각각 겉끼리 맞대어 박는다

⑥ 소매 밑의 시접을 뒤쪽으로 눕히고 박아서 고정한다

앞 요크(안)

앞 몸판(안)

1

1

덧천(안) ※둘레 시접을 마무리해둔다

④ 소매 밑을 겉끼리 맞대어 박는다

⑤ 옆을 겉끼리 맞대어 박는다

1

박아서 고정한다

8

앞 몸판(안)

앞 몸판(안)

1

2번 접어 박는다

9

(오목)

(볼록)

뒤 몸판(겉)

뒤트임에 똑딱단추를 단다

D-2 블루 스트라이프의 칼라 달린 원피스

Photo p.16　실물 대형 옷본　B면

● **완성 치수**(왼쪽부터 S / M / L)
가슴둘레…81 / 89 / 95cm
옷 길이…58.7 / 68.7 / 78.7cm

● **재료**(왼쪽부터 S / M / L)
CHECK & STRIPE 오리지널 코튼 페이퍼 굵은 스트라이프
(스모크 블루)…105cm 폭×220 / 230 / 240cm
소프트한 느낌의 면마 캔버스(네이비)
…60×20cm(3개 사이즈 공통)
0.7cm 폭 고무줄…15 / 16 / 17.5cm×2개
지름 1cm 똑딱단추…2쌍

● **박는 순서**

1 칼라를 만든다
2 앞 요크에 안단으로 칼라를 단다
3 뒤 중심을 박고, 목둘레에 개더를 잡은 뒤, 바이어스 천으로 마무리한다
4 어깨를 박는다
5 소맷부리를 2번 접어 박고, 고무줄을 끼운다
6 앞 몸판에 개더를 잡고, 앞 끝을 겹친 앞 요크와 박는다
7 덧천을 달면서 소매 밑을 박는다
8 밑단을 2번 접어 박는다
9 옆을 박는다
10 똑딱단추를 단다

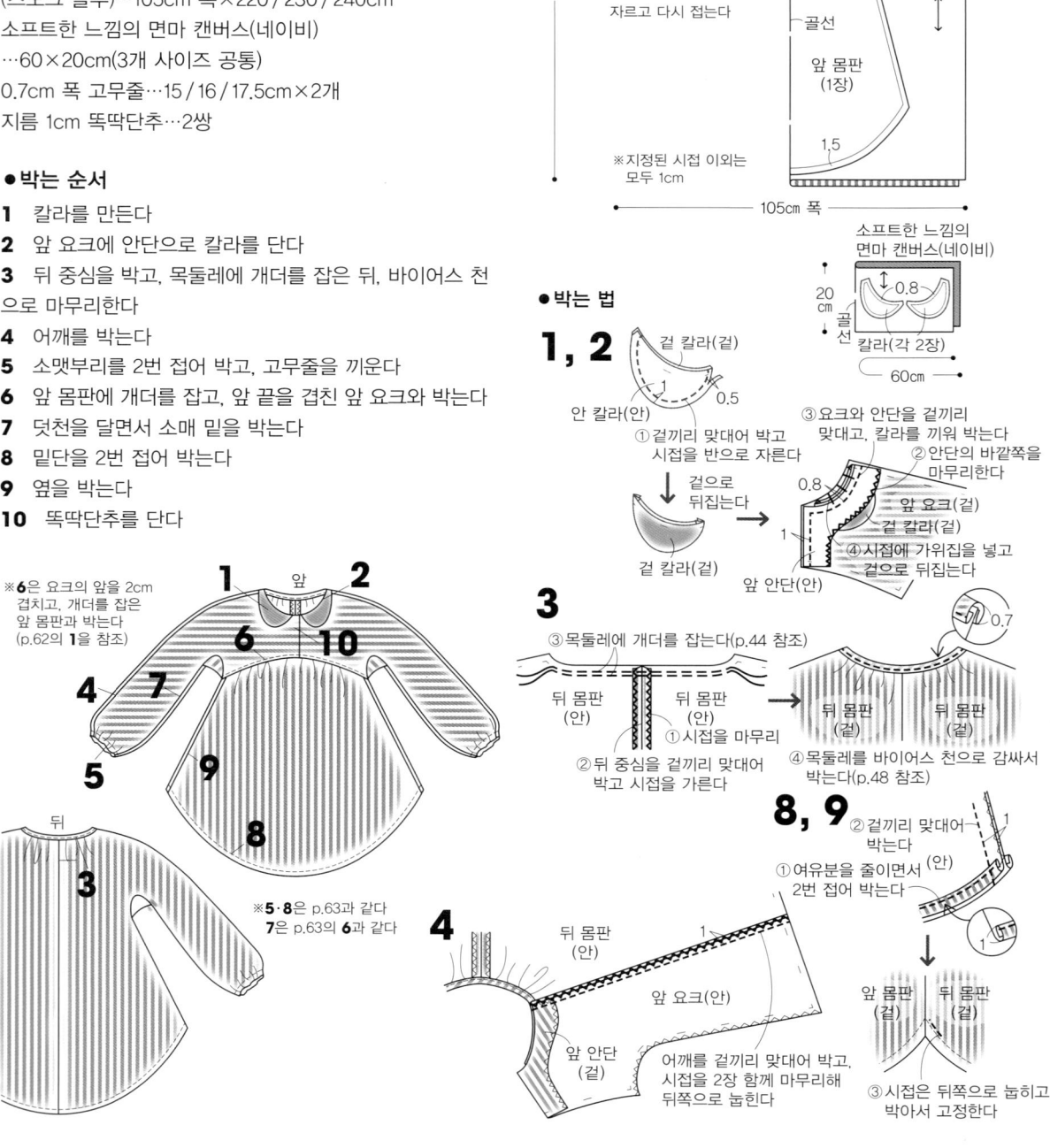

※**6**은 요크의 앞을 2cm 겹치고, 개더를 잡은 앞 몸판과 박는다
(p.62의 **1**을 참조)

※**5·8**은 p.63과 같다
7은 p.63의 **6**과 같다

● 재단 배치도

코튼 페이퍼 굵은 스트라이프(스모크 블루)

뒤 목둘레 마무리용 바이어스 천(1장)
골선
0.8
1.5
1.5
뒤 몸판 (2장)
25
3.5
덧천(2장)
0.8
앞 요크 (2장)
0
앞 안단 (2장)
1.5
0.8
0.8
220 / 230 / 240 cm
✂
자르고 다시 접는다

골선
앞 몸판 (1장)
1.5
105cm 폭

※지정된 시접 이외는 모두 1cm

소프트한 느낌의 면마 캔버스(네이비)
20 cm
0.8
골선
칼라(각 2장)
60cm

● 박는 법

1, 2
겉 칼라(겉)
안 칼라(안)
1　0.5
①겉끼리 맞대어 박고 시접을 반으로 자른다
↓
겉으로 뒤집는다
겉 칼라(겉)

③요크와 안단을 겉끼리 맞대고, 칼라를 끼워 박는다
②안단의 바깥쪽을 마무리한다
0.8
앞 요크(겉)
겉 칼라(겉)
1
앞 안단(안)
④시접에 가위집을 넣고 겉으로 뒤집는다

3
0.7
③목둘레에 개더를 잡는다(p.44 참조)
뒤 몸판 (안)　①시접을 마무리　뒤 몸판 (안)
②뒤 중심을 겉끼리 맞대어 박고 시접을 가른다
④목둘레를 바이어스 천으로 감싸서 박는다(p.48 참조)
뒤 몸판 (겉)　뒤 몸판 (겉)

4
뒤 몸판 (안)
1
앞 요크(안)
앞 안단 (겉)
어깨를 겉끼리 맞대어 박고, 시접을 2장 함께 마무리해 뒤쪽으로 눕힌다

8, 9
②겉끼리 맞대어 박는다
①여유분을 줄이면서 2번 접어 박는다
1
(안)
1
↓
앞 몸판 (겉)　뒤 몸판 (겉)
③시접은 뒤쪽으로 눕히고 박아서 고정한다

D-3 프릴 칼라 원피스

Photo p.18   실물 대형 옷본 B면

● **완성 치수**(왼쪽부터 S/M/L)
가슴둘레…81 / 89 / 95cm
옷 길이…58.7 / 68.7 / 78.7cm

● **재료**(왼쪽부터 S/M/L)
folk made 오리지널 프린트(플란넬 소재)
…105cm 폭×200 / 210 / 220cm
19300-10 코튼 브로드(블루 나이트)
…40cm×130cm(3개 사이즈 공통)
0.5cm 폭 고무줄…15 / 16 / 17.5cm×2개
지름 1.1cm 똑딱단추…1쌍

● **박는 순서**

1 칼라 프릴을 만든다
2 앞 몸판에 개더를 잡고(p.44 참조), 앞 요크와 박는다
3 뒤 중심을 박고, 뒤트임을 바이어스 천으로 마무리한다
4 어깨를 박는다
5 칼라 프릴을 달면서 목둘레를 바이어스 천으로 마무리한다
6 소맷부리를 2번 접어 박고, 고무줄을 늘이면서 단다
7 옆에 덧천을 달면서 소매 밑을 박는다
8 밑단을 2번 접어 박는다
9 옆을 박는다
10 똑딱단추를 단다

● **재단 배치도**

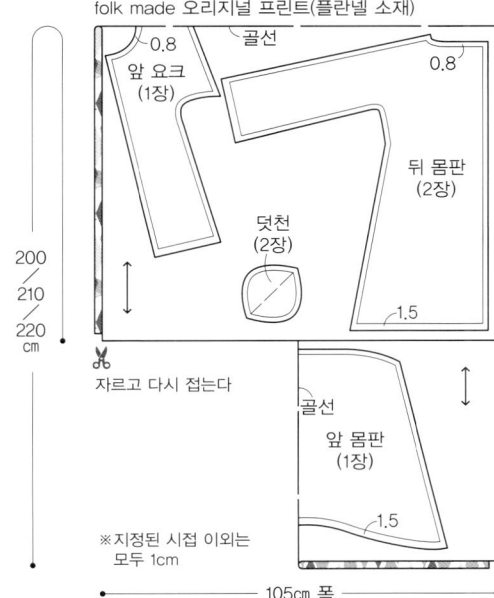

folk made 오리지널 프린트(플란넬 소재)

0.8 골선 0.8
앞 요크 (1장)
뒤 몸판 (2장)
덧천 (2장)
1.5
200 / 210 / 220 cm

✂ 자르고 다시 접는다

골선
앞 몸판 (1장)
1.5

※지정된 시접 이외는 모두 1cm

105cm 폭

★ = 13.6/15.6/17.6
☆ = 107/108/110
● = 42/43/45

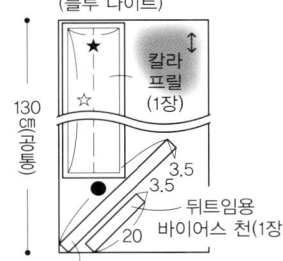

코튼 브로드 (블루 나이트)
★ ☆ 칼라 프릴 (1장)
3.5
3.5
● 20 뒤트임용 바이어스 천(1장)
목둘레용 바이어스 천(1장)
130cm(공통)
40cm

● **박는 법**

1
②1장씩 개더를 잡는다
(잡는 법은 p.44 참조)
골선 칼라 프릴(안)
①겉끼리 맞닿게 접고 양 끝을 박는다

※**2·3·4·7**은 p.62·63의
1·2·3·6과 같다

5
뒤 몸판 (겉)
골선
어깨
①칼라 프릴을 목둘레에 겹치고 시침질로 고정한다
②목둘레를 바이어스 천으로 감싸서 마무리한다 (p.48 참조)
앞 요크 칼라 프릴(겉)
0.8
칼라 프릴 (겉)
앞 요크 (겉)
앞 몸판(겉)

10

뒤
3

6
앞 요크 (안) 뒤 몸판 (안)
②고무줄을 늘이면서 지그재그 박기로 고정한다
0.5
길이 15/ 16/17.5
6
0.5
①소맷부리를 2번 접어 박는다

8, 9

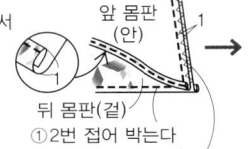

앞 몸판 (안)
1
뒤 몸판(겉)
①2번 접어 박는다
②옆을 겉끼리 맞대어 박는다

앞 몸판 (겉)
뒤 몸판 (겉)
③시접은 뒤쪽으로 눕히고 박아서 고정한다

E-1 변형 요크 원피스

Photo p.20　　실물 대형 옷본　B면

●완성 치수(왼쪽부터 S/M/L)
가슴둘레…100/108/114cm
옷 길이…55/65/74.7cm

●재료(왼쪽부터 S/M/L)
1205 자연 건조 빈티지 워싱 CM40 타이프라이터
(M5 베이지)…148cm 폭×110/120/130cm
접착심지…10×20cm(3개 사이즈 공통)
지름 1cm 똑딱단추…2쌍

●박는 순서
※ p.44에 자세한 과정을 소개했다

1 앞 요크에 안단 부분을 만든다
2 뒤 목둘레와 앞 스커트에 개더를 잡는다
3 앞 요크와 앞 스커트를 박는다
4 소매를 만들고 몸판에 단다
5 옆을 박는다
6 밑단을 2번 접어 박는다
7 목둘레를 바이어스 천으로 마무리한다
8 똑딱단추를 단다

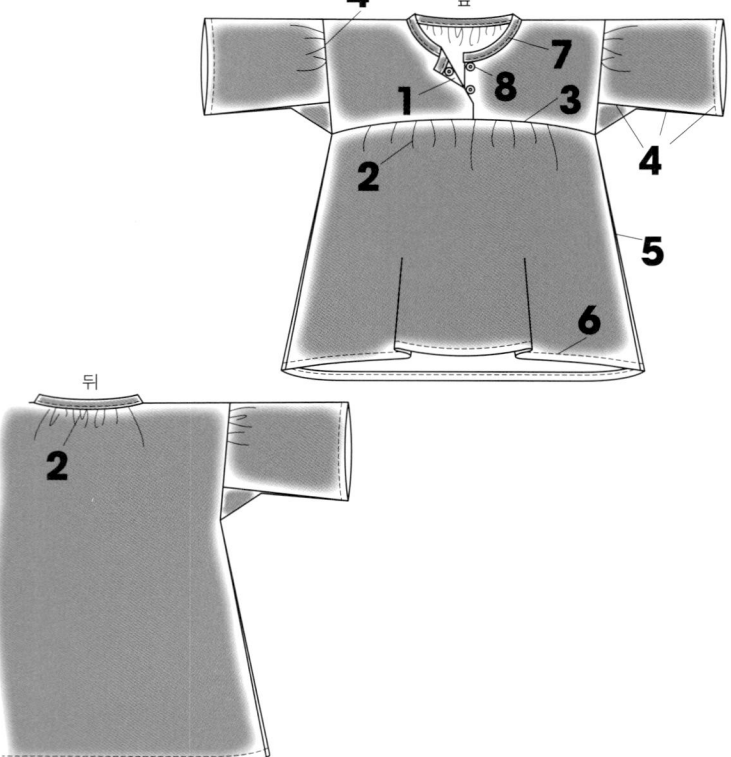

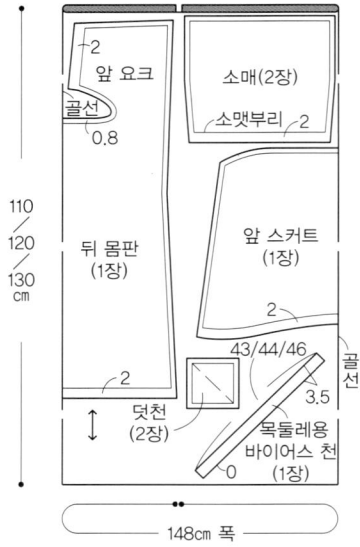

●재단 배치도(E-1)

자연 건조 빈티지 워싱
CM40 타이프라이터(베이지)

앞 요크　소매(2장)
골선　소맷부리 2
0.8
110
120
130
cm
뒤 몸판(1장)　앞 스커트(1장)
2
2
덧천(2장)
43/44/46
3.5
목둘레용 바이어스 천(1장)
골선
0

148cm 폭

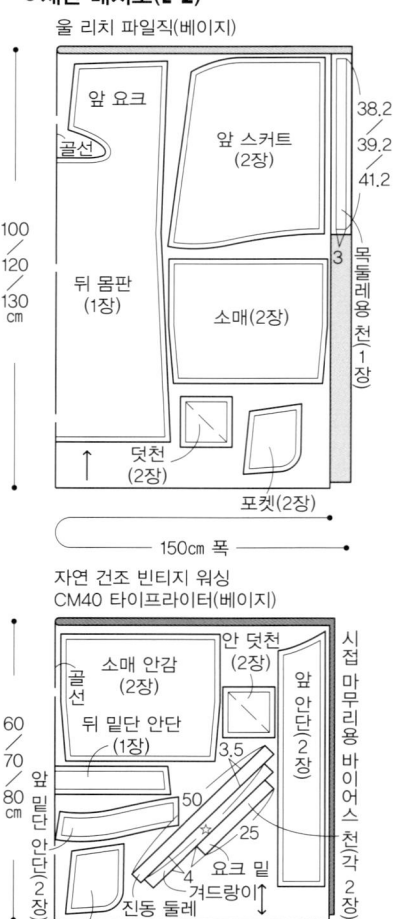

●재단 배치도(E-2)

울 리치 파일직(베이지)

앞 요크
골선
앞 스커트(2장)
38.2
39.2
41.2
100
120
130
cm
뒤 몸판(1장)
소매(2장)
3
목둘레용 천(1장)
덧천(2장)
포켓(2장)

150cm 폭

자연 건조 빈티지 워싱
CM40 타이프라이터(베이지)

소매 안감(2장)
골선
안 덧천(2장)
앞 안단(2장)
시접 마무리용 바이어스 천(각 2장)
뒤 밑단 안단(1장)
3.5
60
70
80
cm
앞 밑단 안단(2장)
50
25
요크 밑
겨드랑이
진동 둘레
포켓 안감(2장)　☆=45

148cm 폭

※지정된 시접 이외는 모두 1cm

66

E-2 보아 코트

Photo p.19　실물 대형 옷본　B면

●**완성 치수**(왼쪽부터 S/M/L)

가슴둘레…106/114/120cm
옷 길이…55/65/74.7cm

●**재료**(왼쪽부터 S/M/L)

V47339 울 리치 파일직(2 베이지)
…150cm 폭×100/120/130cm
1205 자연 건조 빈티지 워싱 CM40 타이프라이터
(M5 베이지)…148cm 폭×60/70/80cm
지름 2cm 똑딱단추…3쌍
※ 니트 천용의 바늘과 실을 사용한다

●**박는 순서**

1　포켓을 만들고 단다
2　뒤 목둘레오· 앞 스커트에 개더를 잡는다
3　앞 요크와 앞 스커트를 박는다
4　소매를 만들고, 몸판에 단다
5　옆을 박는다
6　앞 끝·밑단을 안단으로 마무리한다
7　목둘레를 독둘레 천으로 감싸서 마무리한다
8　똑딱단추를 단다

※재단 배치도는 p.66

※**2·3**은 **E-1** 원피스와 같다
　(p.44·46 참조)

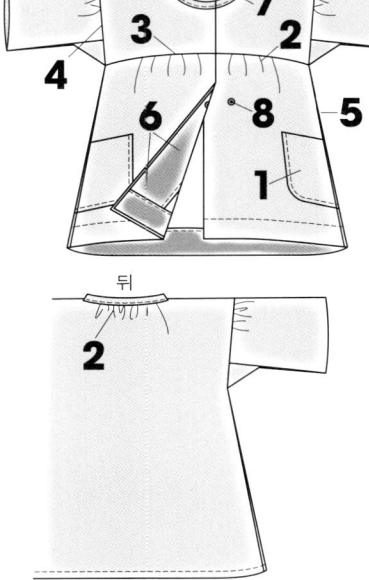

●**박는 법**

1

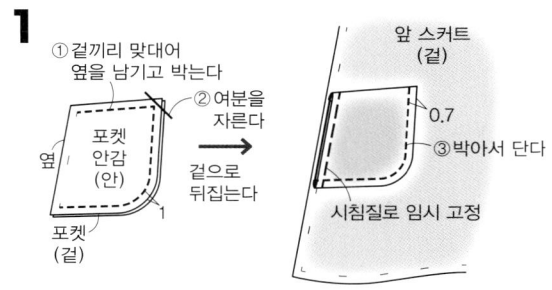

4

※p.45를 참조해 겉감, 안감으로 덧천 달린 소매를 만든다

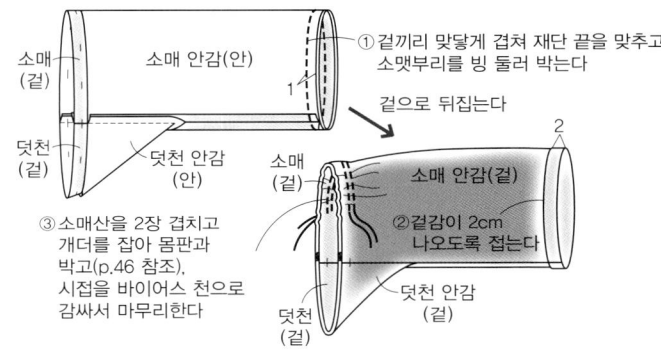

6

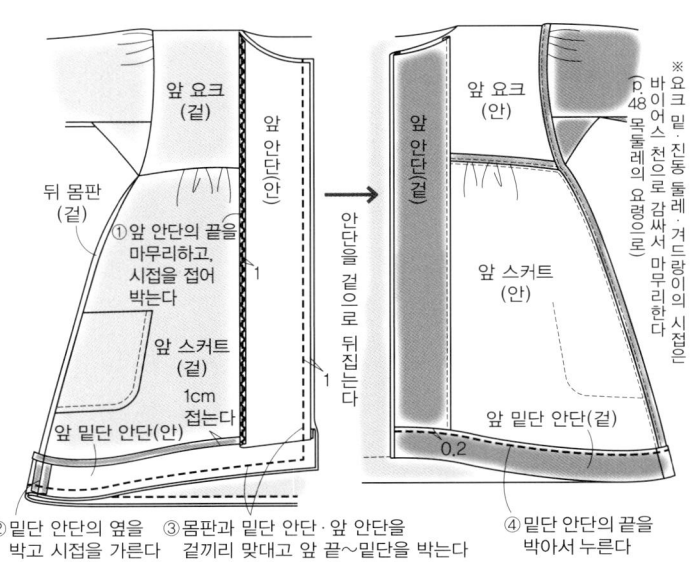

7

※p.48 참조

F 테일윈드 드레스

Photo p.22　실물 대형 옷본　B면

●**완성 치수**(왼쪽부터 S/M/L)
가슴둘레…68/76/82cm
옷 길이…61/71/81cm

●**재료**(왼쪽부터 S/M/L)
9106-2 타이프라이터 덤프(62T 핑크)
…108cm 폭×150/160/170cm
19500-5 브로드(113T 색스블루)
…88cm 폭×20cm(3개 사이즈 공통)
0.5cm 폭 고무줄…30cm(3개 사이즈 공통)
지름 2cm 단추…1개

●**박는 순서**

1 어깨를 박는다
2 뒤트임을 마무리한다
3 목둘레를 안단과 바이어스 천으로 마무리한다
4 진동 둘레를 바이어스 천으로 마무리한다
5 옆 스커트의 위 끝에 옆 프릴을 달고, 고무줄을
　끼운다
6 앞·뒤 스커트에 턱을 접고, 몸판과 박는다
7 앞·뒤 스커트와 옆 스커트를 박는다
8 밑단을 2번 접어 박는다
9 단추를 단다

●**재단 배치도**

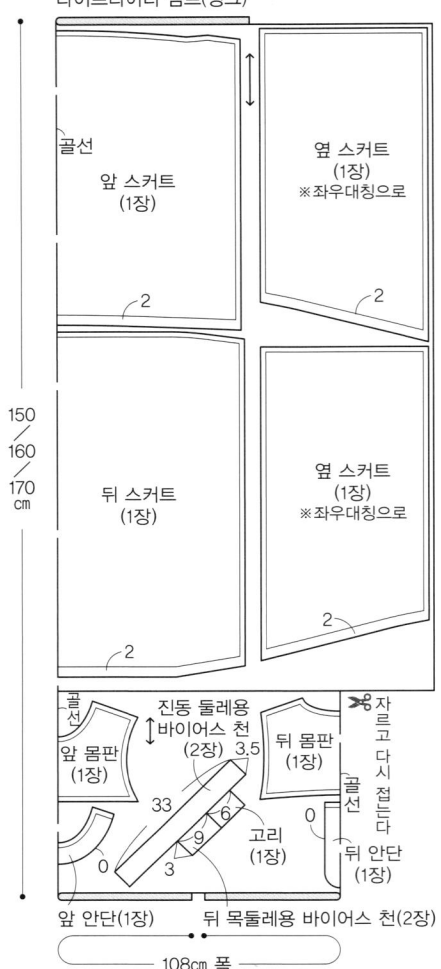

●재단 배치도
타이프라이터 덤프(핑크)

골선
앞 스커트
(1장)

옆 스커트
(1장)
※좌우대칭으로

뒤 스커트
(1장)

옆 스커트
(1장)
※좌우대칭으로

150
160
170
cm

골선
앞 몸판
(1장)

진동 둘레용
바이어스 천
(2장)　3.5

33
6
9
3
0
0

뒤 몸판
(1장)
골선

자르고 다시 접는다

고리
(1장)

뒤 안단
(1장)

앞 안단(1장)　뒤 목둘레용 바이어스 천(2장)

108cm 폭

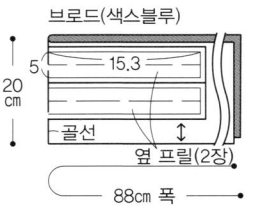

브로드(색스블루)

5
15.3
20
cm

골선
옆 프릴(2장)

88cm 폭

※지정된 시접 이외는 모두 1cm

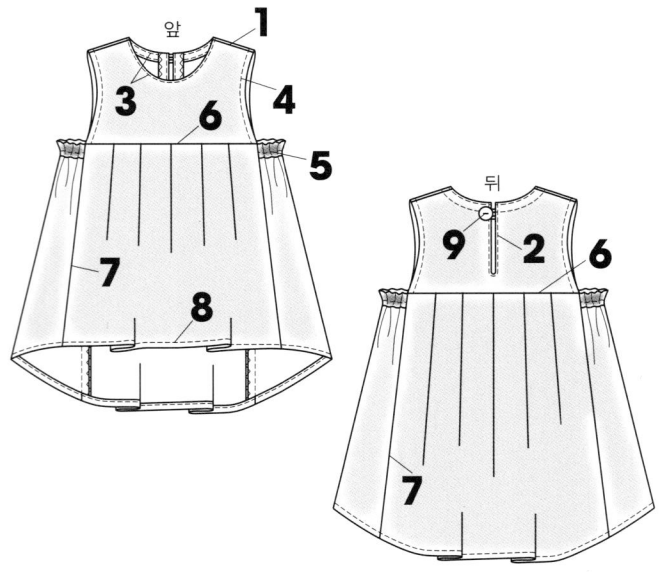

앞

1
3
4
6
5
7
8

뒤

9　2　6
7

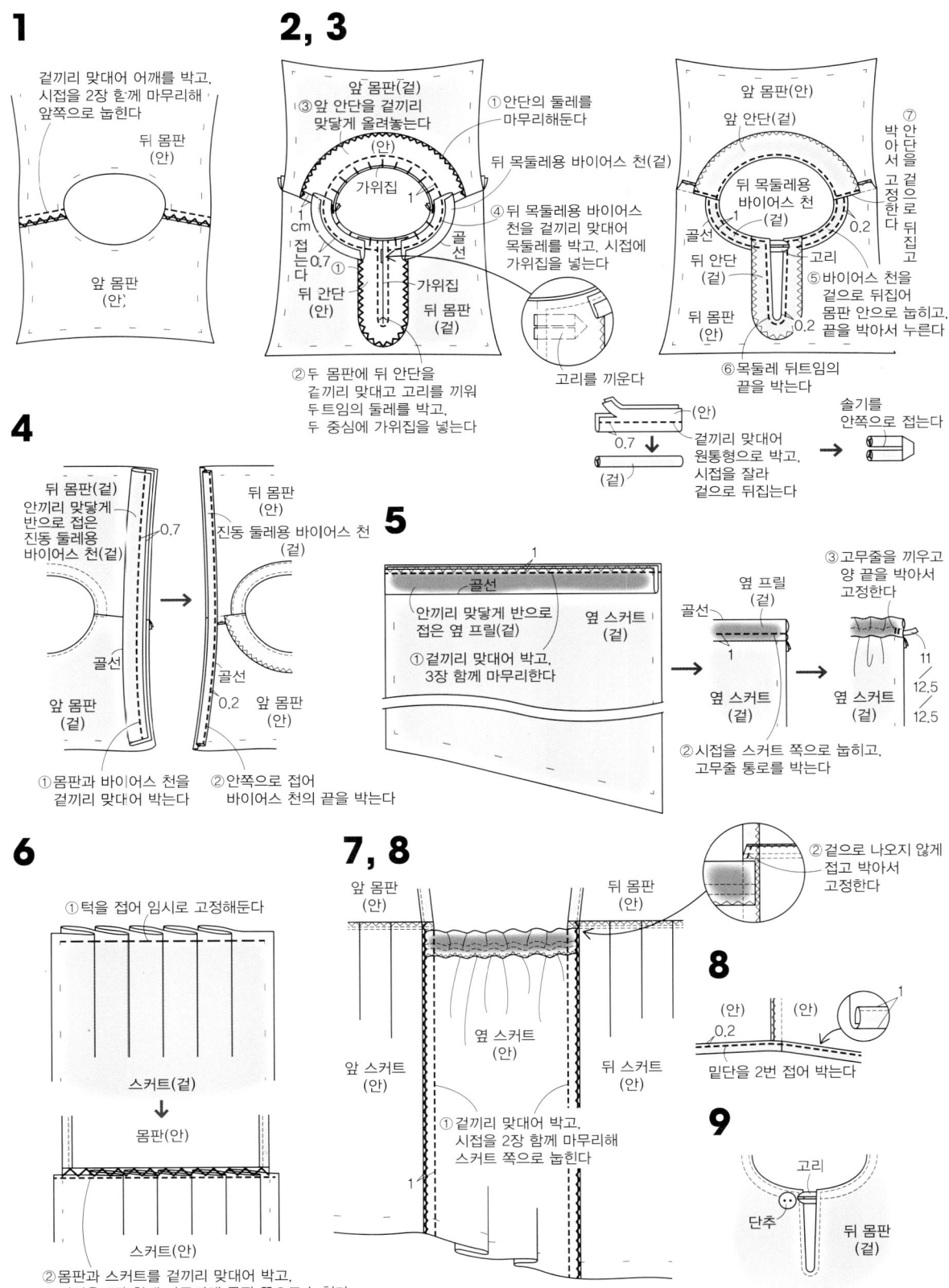

1

겉끼리 맞대어 어깨를 박고, 시접을 2장 흝께 마무리해 앞쪽으로 눕힌다

뒤 몸판 (안)
앞 몸판 (안)

2, 3

앞 몸판(겉)
③앞 안단을 겉끼리 맞닿게 올려놓는다
(안)
가위집
1
1cm 접는다 0.7
뒤 안단 (안)
가위집
뒤 몸판 (겉)
골선
①안단의 둘레를 마무리해둔다
뒤 목둘레용 바이어스 천(겉)
④뒤 목둘레용 바이어스 천을 겉끼리 맞대어 목둘레를 박고, 시접에 가위집을 넣는다
②두 몸판에 뒤 안단을 겉끼리 맞대고 고리를 끼워 두트임의 둘레를 박고, 두 중심에 가위집을 넣는다
고리를 끼운다

앞 몸판(안)
앞 안단(겉)
뒤 목둘레용 바이어스 천 (겉)
1
골선
고리
뒤 안단 (겉)
뒤 몸판 (안)
0.2
0.2
⑦박아서 안단을 겉으로 고정하고 뒤집고
⑤바이어스 천을 겉으로 뒤집어 몸판 안으로 눕히고, 끝을 박아서 누른다
⑥목둘레 뒤트임의 끝을 박는다

(안)
0.7
(겉)
겉끼리 맞대어 원통형으로 박고, 시접을 잘라 겉으로 뒤집는다
솔기를 안쪽으로 접는다
(안)

4

뒤 몸판(겉)
안끼리 맞닿게 반으로 접은 진동 둘레용 바이어스 천(겉)
0.7
골선
앞 몸판 (겉)
①몸판과 바이어스 천을 겉끼리 맞대어 박는다
뒤 몸판 (안)
진동 둘레용 바이어스 천 (겉)
골선
0.2
앞 몸판 (안)
②안쪽으로 접어 바이어스 천의 끝을 박는다

5

1
골선
안끼리 맞닿게 반으로 접은 옆 프릴(겉)
①겉끼리 맞대어 박고, 3장 함께 마무리한다
옆 스커트 (겉)
②시접을 스커트 쪽으로 눕히고, 고무줄 통로를 박는다
옆 프릴 (겉)
골선
1
옆 스커트 (겉)
③고무줄을 끼우고 양 끝을 박아서 고정한다
옆 스커트 (겉)
11
12.5
12.5

6

①턱을 접어 임시로 고정해둔다
스커트(겉)
몸판(안)
스커트(겉)
몸판(안)
스커트(안)
②몸판과 스커트를 겉끼리 맞대어 박고, 시접을 2장 함께 마무리해 몸판 쪽으로 눕힌다

7, 8

앞 몸판 (안)
뒤 몸판 (안)
②겉으로 나오지 않게 접고 박아서 고정한다
옆 스커트 (안)
앞 스커트 (안)
뒤 스커트 (안)
①겉끼리 맞대어 박고, 시접을 2장 함께 마무리해 스커트 쪽으로 눕힌다
1

8

(안) (안)
1
0.2
밑단을 2번 접어 박는다

9

고리
단추
뒤 몸판 (겉)

G 쇼트 팬츠

Photo p.11　실물 대형 옷본　C면

● **완성 치수**(왼쪽부터 S / M / L)

허리둘레(고무줄 빼고)…71 / 75 / 81cm

팬츠 길이…33 / 36 / 39cm

● **재료**(왼쪽부터 S / M / L)

면 스트레치 소프트 블루데님 9–10온스

…145cm 폭×75 / 80 / 85cm

1.5cm 폭 고무줄(허리용)…55.5 / 58.5 / 62cm

1cm 폭 고무줄(밑단용)…35 / 38.5 / 40cm×2개

● **박는 순서**

1　앞 포켓을 만든다

2　앞·뒤 밑위를 박는다

3　옆을 박는다

4　밑아래를 박는다

5　허리 천을 단다

6　밑단 천을 단다

7　허리와 밑단에 고무줄을 끼운다

● **재단 배치도**

면 스트레치 소프트 블루데님 9–10온스

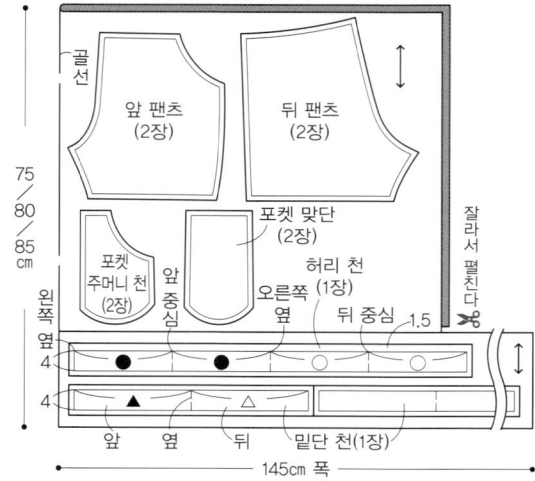

● = 18/19/20.5　○ = 17.5/18.5/20

▲ = 19/21/23.5　△ = 21.5/23.5/26

※지정된 시접 이외는 모두 1cm

● **박는 법**

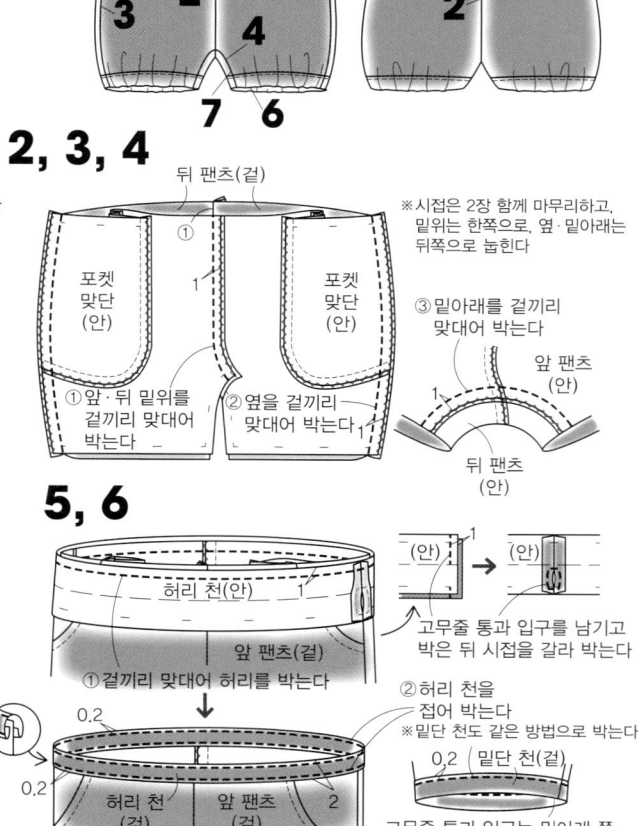

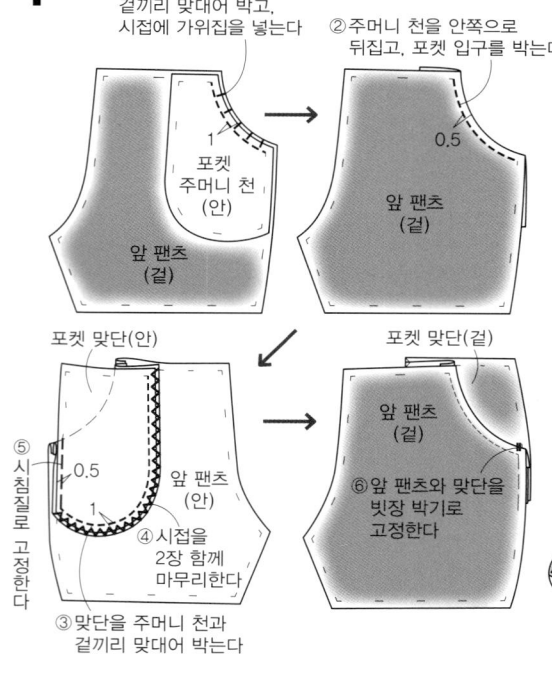

I-1 반소매 블라우스

Photo p.32　　실물 대형 옷본　C면

● **완성 치수**(왼쪽부터 S／M／L)

가슴둘레…95.3／103.3／109.3cm

옷 길이…39／42.5／45.5cm

● **재료**(왼쪽부터 S／M／L)

리버티 프린트 타나론(Emillias bloom YE)

…110cm 폭×100／100／110cm

접착심지…10×45cm

0.5cm 폭 고무줄…23／25.5／27.5cm×2개

지름 1cm 단추…6개

● **박는 순서**

1　앞·뒤 몸판과 소매를 박는다

2　옆을 박는다

3　앞 끝을 2번 접어 박는다

4　목둘레에 개더를 잡고, 바이어스 천으로 마무리한다

5　밑단을 2번 접어 박는다

6　소맷부리 천을 달고, 고무줄을 끼운다

7　단춧구멍을 만들고 단추를 단다

● **재단 배치도**

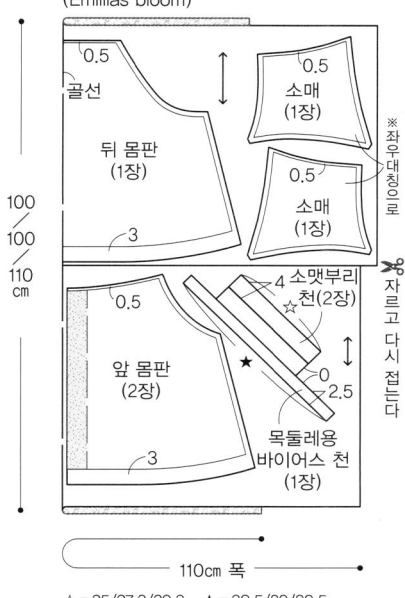

리버티 프린트 타나론
(Emillias bloom)

☆＝25／27.3／29.3　★＝38.5／39／39.5
※지정된 시접 이외는 모두 1cm
※▨ 는 안쪽에 접착심지를 붙인다

※**2·3**은 p.73의
4·5와 같다
※**5·7**은 p.73의
7·9와 같다

● **박는 법**

1

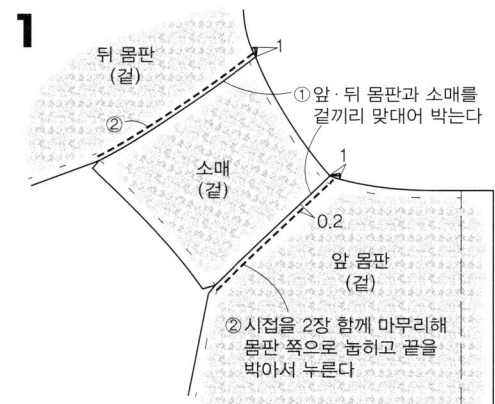

①앞·뒤 몸판과 소매를
　겉끼리 맞대어 박는다

②시접을 2장 함께 마무리해
　몸판 쪽으로 눕히고 끝을
　박아서 누른다

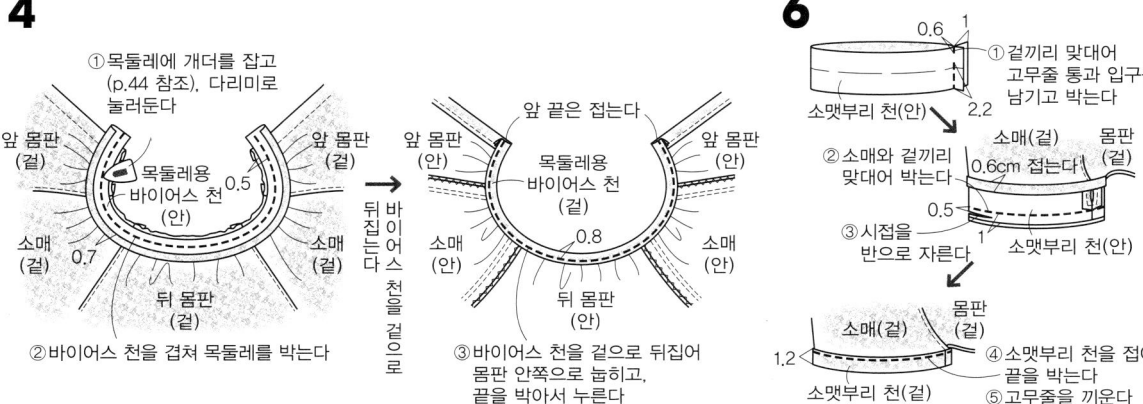

4

①목둘레에 개더를 잡고
　(p.44 참조), 다리미로
　눌러둔다

②바이어스 천을 겹쳐 목둘레를 박는다

③바이어스 천을 겉으로 뒤집어
　몸판 안쪽으로 눕히고,
　끝을 박아서 누른다

6

①겉끼리 맞대어
　고무줄 통과 입구를
　남기고 박는다

②소매와 겉끼리
　맞대어 박는다

③시접을
　반으로 자른다

④소맷부리 천을 접어
　끝을 박는다

⑤고무줄을 끼운다

I-2 풍성한 블라우스

Photo p.36　　실물 대형 옷본　C면

●**완성 치수**(왼쪽부터 S / M / L)
가슴둘레…95.3 / 103.3 / 109.3cm
옷 길이(뒤 중심 길이)…39 / 42 / 45.5cm

●**재료**(왼쪽부터 S / M / L)
60 / 타이프라이터(33 에크뤼)
…114cm 폭×130 / 140 / 150cm
60 / 타이프라이터(9 검은색)
…114cm 폭×30 / 30 / 35cm
접착심지…45×45cm(3개 사이즈 공통)
지름 1cm 단추…6개
0.5cm 폭 고무줄…19 / 20 / 21.5cm×2개

●**박는 순서**

1 칼라를 만든다
2 소매산에 개더를 잡고, 소매 이음 천과 박는다
3 앞·뒤 몸판과 **2**를 박는다
4 소매 밑~옆을 박는다
5 앞 끝을 2번 접어 박는다
6 목둘레에 개더를 잡고, 칼라를 달면서 바이어스
　　천으로 마무리한다
7 밑단을 2번 접어 박는다
8 소맷부리를 2번 접어 박고, 고무줄을 끼운다
9 단춧구멍을 만들고, 단추를 단다

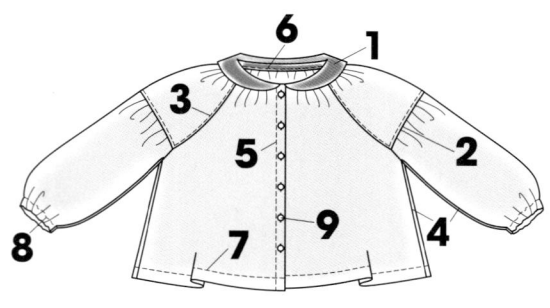

●**재단 배치도**

60/타이프라이터(에크뤼)

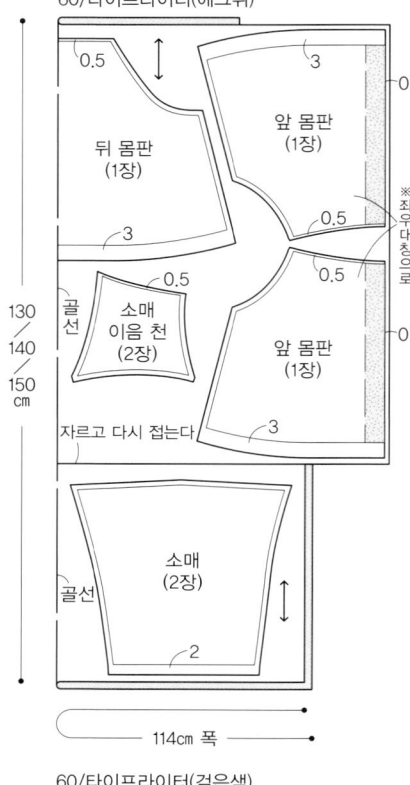

뒤 몸판
(1장)

앞 몸판
(1장)

0.5

0.5

0.5

3

3

3

3

0

0

골선

소매
이음 천
(2장)

앞 몸판
(1장)

※좌우 대칭으로

130
140
150
cm

자르고 다시 접는다

소매
(2장)

골선

2

114cm 폭

60/타이프라이터(검은색)

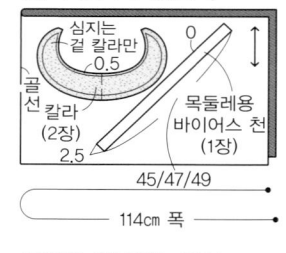

30
30
35
cm

심지는
겉 칼라만

0.5

0

골선

칼라
(2장)

2.5

목둘레용
바이어스 천
(1장)

45/47/49

114cm 폭

※지정된 시접 이외는 모두 1cm
※□□는 안쪽에 접착심지를 붙인다

●**박는 법**

1

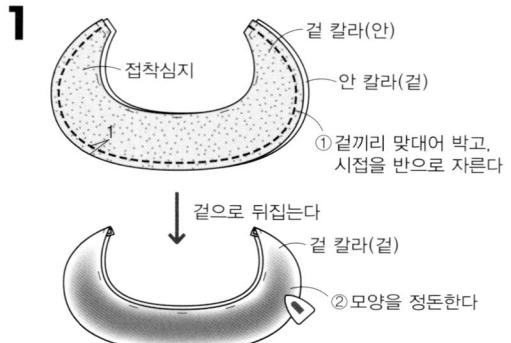

겉 칼라(안)

접착심지

안 칼라(겉)

①겉끼리 맞대어 박고,
　시접을 반으로 자른다

겉으로 뒤집는다

겉 칼라(겉)

②모양을 정돈한다

2

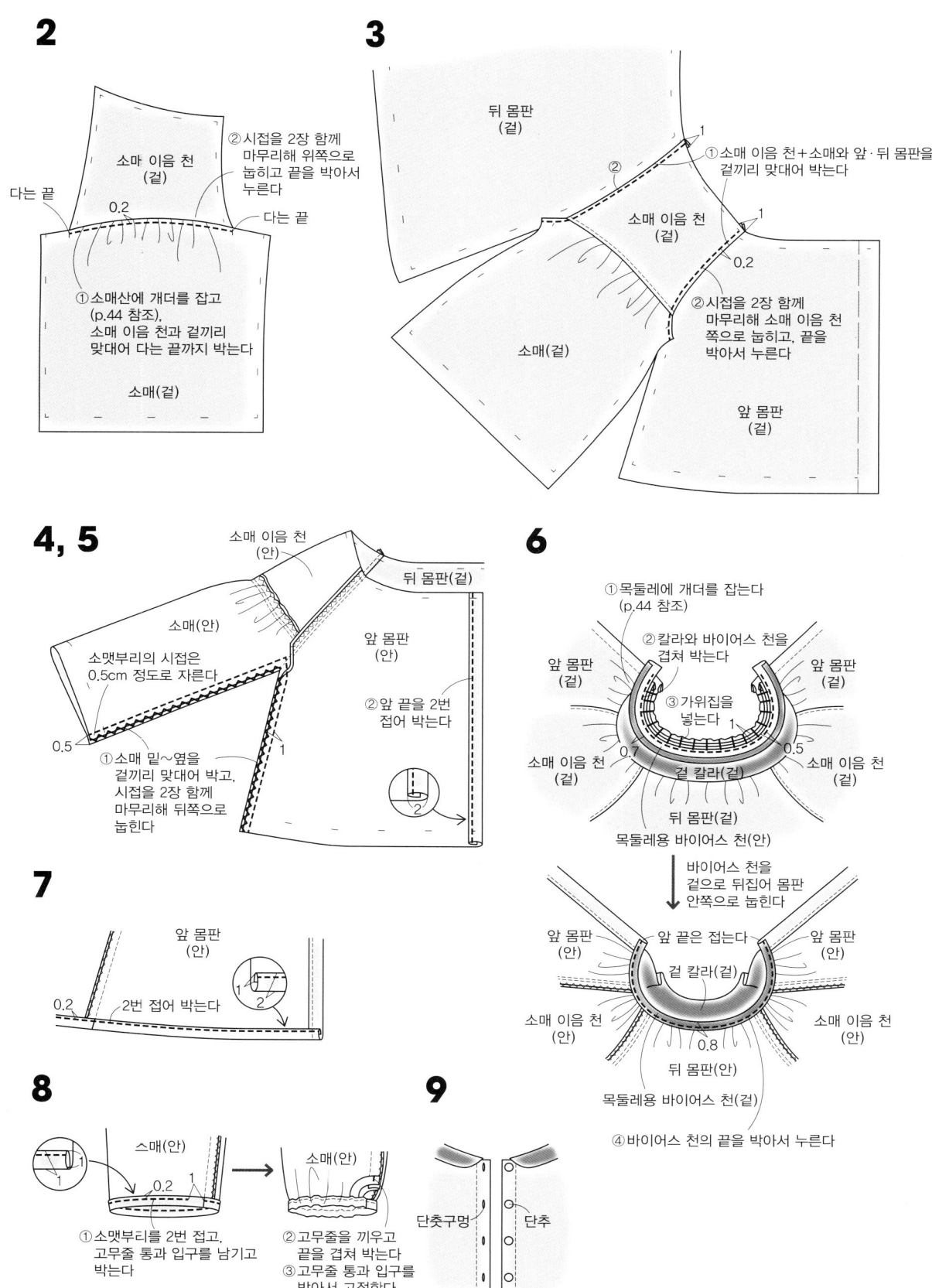

소매 이음 천
(겉)

다는 끝

0.2

다는 끝

② 시접을 2장 함께
마무리해 위쪽으로
눕히고 끝을 박아서
누른다

① 소매산에 개더를 잡고
(p.44 참조),
소매 이음 천과 겉끼리
맞대어 다는 끝까지 박는다

소매(겉)

3

뒤 몸판
(겉)

1

①

소매 이음 천
(겉)

1

0.2

① 소매 이음 천＋소매와 앞·뒤 몸판을
겉끼리 맞대어 박는다

② 시접을 2장 함께
마무리해 소매 이음 천
쪽으로 눕히고, 끝을
박아서 누른다

소매(겉)

앞 몸판
(겉)

4, 5

소매 이음 천
(안)

뒤 몸판(겉)

소매(안)

소맷부리의 시접은
0.5cm 정도로 자른다

앞 몸판
(안)

② 앞 끝을 2번
접어 박는다

0.5

1

① 소매 밑~옆을
겉끼리 맞대어 박고,
시접을 2장 함께
마무리해 뒤쪽으로
눕힌다

1
2

6

① 목둘레에 개더를 잡는다
(p.44 참조)

② 칼라와 바이어스 천을
겹쳐 박는다

앞 몸판
(겉)

앞 몸판
(겉)

③ 가위집을
넣는다

1

소매 이음 천
(겉)

0.7

겉 칼라(겉)

0.5

소매 이음 천
(겉)

뒤 몸판(겉)

목둘레용 바이어스 천(안)

↓ 바이어스 천을
겉으로 뒤집어 몸판
안쪽으로 눕힌다

앞 몸판
(안)

앞 끝은 접는다

겉 칼라(겉)

앞 몸판
(안)

소매 이음 천
(안)

0.8

소매 이음 천
(안)

뒤 몸판(안)

목둘레용 바이어스 천(겉)

④ 바이어스 천의 끝을 박아서 누른다

7

앞 몸판
(안)

0.2

2번 접어 박는다

1
2

1

8

스매(안)

1

소매(안)

0.2

1

소매(안)

① 소맷부리를 2번 접고,
고무줄 통과 입구를 남기고
박는다

② 고무줄을 끼우고
끝을 겹쳐 박는다
③ 고무줄 통과 입구를
박아서 고정한다

9

단춧구멍

단추

J-1 심플 커트 앤드 소운

Photo p.34　실물 대형 옷본　D면

● **완성 치수**(왼쪽부터 S/M/L)

가슴둘레…62/70/76cm

옷 길이…38.3/42.3/46cm

● **재료**(왼쪽부터 S/M/L)

11650-3 40/1 천축 니트(27 색스블루)

…159cm 폭×100/110/120cm

접착심지…20cm 폭×50cm(3개 사이즈 공통)

폭 1cm 늘어짐 방지 테이프…50cm(3개 사이즈 공통)

지름 0.9cm 똑딱단추…1쌍

※ 니트 전용 실과 바늘을 준비한다

● **박는 순서**

1 몸판과 안단의 어깨를 박는다

2 뒤에 트임을 만들면서 목둘레를 안단으로 마무리한다

3 소매를 만든다

4 옆을 박는다

5 몸판에 소매를 단다

6 밑단을 접어 박는다

7 뒤에 똑딱단추를 단다

J-2 프릴 칼라 커트 앤드 소운

Photo p.35　실물 대형 옷본　D면

● **완성 치수**(왼쪽부터 S/M/L)

가슴둘레…62/70/76cm

옷 길이…38.3/42.3/46cm

● **재료**(왼쪽부터 S/M/L)

11650-2 40/1 천축 니트(8 앤티크 오렌지)

…159cm 폭×100/110/120cm

접착심지…20cm 폭×50cm(3개 사이즈 공통)

폭 1cm 늘어짐 방지 테이프…50cm(3개 사이즈 공통)

지름 0.9cm 똑딱단추…1쌍

※니트 전용 바늘과 실을 준비한다

● **박는 순서**

【J-1 심플 커트 앤드 소운】의 순서 1 뒤에 칼라를 만들고,

2를 칼라 프릴을 달며 진행한다

3~7은 J-1과 같다

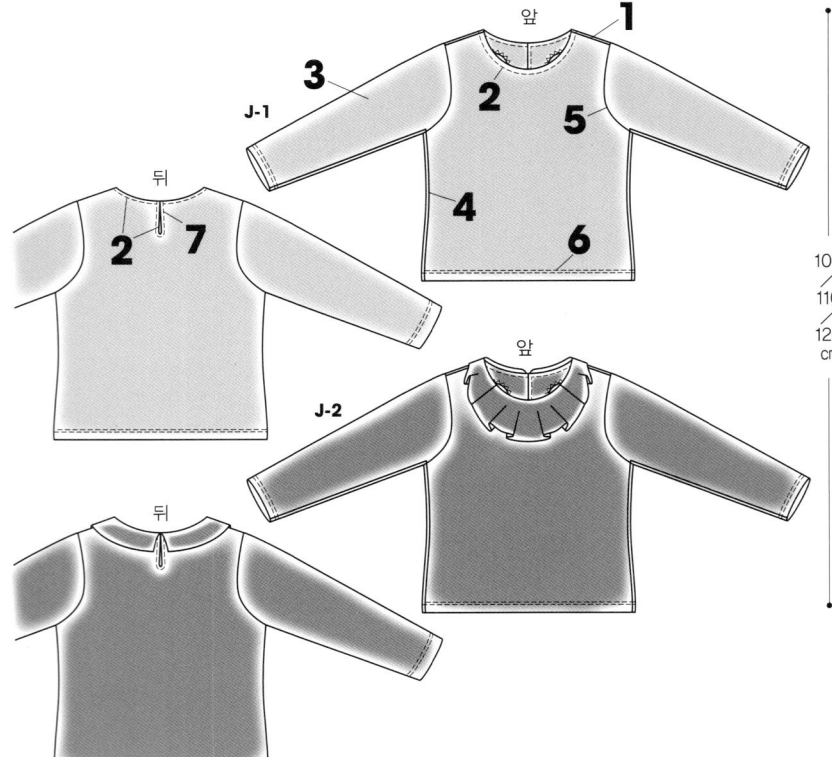

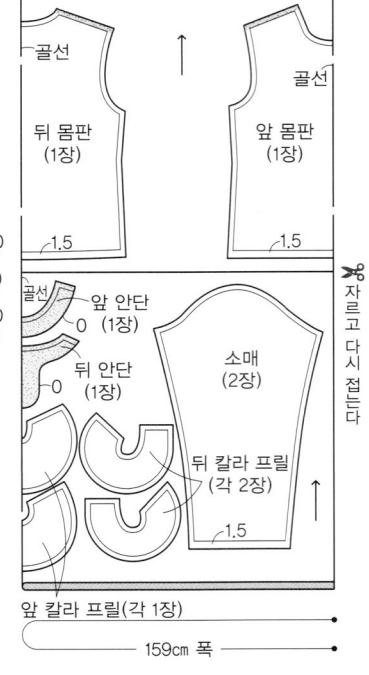

● **재단 배치도**

J-1 40/1 천축 니트(색스블루)

J-2 40/1 천축 니트(앤티크 오렌지)

※칼라 프릴은 J-2만

골선　뒤 몸판(1장)　1.5

골선　앞 몸판(1장)　1.5

100 110 120 cm

자르고 다시 접는다

골선　앞 안단(1장) 0

뒤 안단(1장) 0

소매(2장)

뒤 칼라 프릴(각 2장)

1.5

앞 칼라 프릴(각 1장)

─ 159cm 폭 ─

※지정된 시접 이외는 모두 1cm

※　는 안쪽에 접착심지, 늘어짐 방지 테이프를 붙인다

●박는 법

1

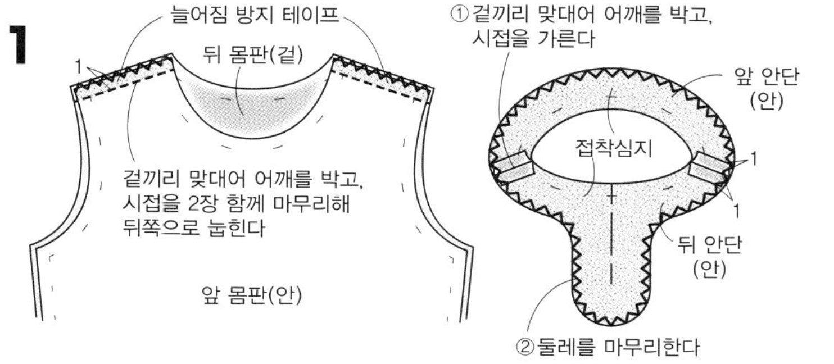

늘어짐 방지 테이프
뒤 몸판(겉)

겉끼리 맞대어 어깨를 박고,
시접을 2장 함께 마무리해
뒤쪽으로 눕힌다

앞 몸판(안)

① 겉끼리 맞대어 어깨를 박고,
시접을 가른다

앞 안단
(안)

접착심지

뒤 안단
(안)

② 둘레를 마무리한다

2

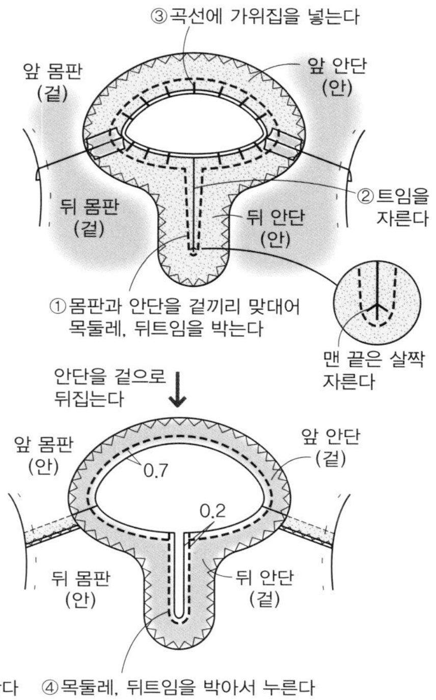

③ 곡선에 가위집을 넣는다

앞 몸판
(겉)

앞 안단
(안)

뒤 몸판
(겉)

뒤 안단
(안)

② 트임을
자른다

① 몸판과 안단을 겉끼리 맞대어
목둘레, 뒤트임을 박는다

맨 끝은 살짝
자른다

안단을 겉으로
뒤집는다

앞 몸판
(안)

앞 안단
(겉)

0.7

0.2

뒤 몸판
(안)

뒤 안단
(겉)

④ 목둘레, 뒤트임을 박아서 누른다

3

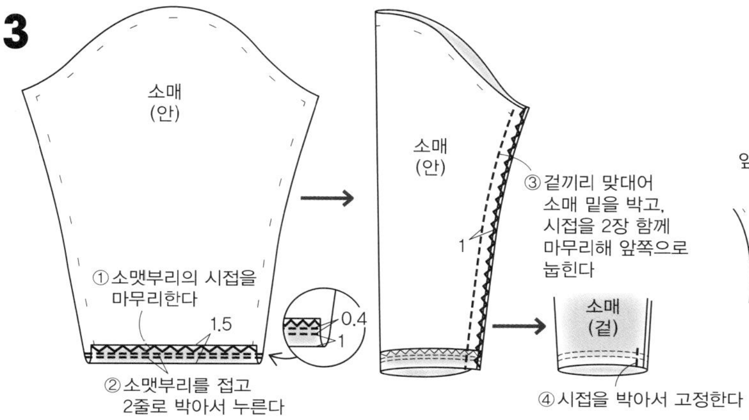

소매
(안)

① 소맷부리의 시접을
마무리한다

② 소맷부리를 접고
2줄로 박아서 누른다

1.5

0.4

1

소매
(안)

③ 겉끼리 맞대어
소매 밑을 박고,
시접을 2장 함께
마무리해 앞쪽으로
눕힌다

소매
(겉)

④ 시접을 박아서 고정한다

4, 5, 6

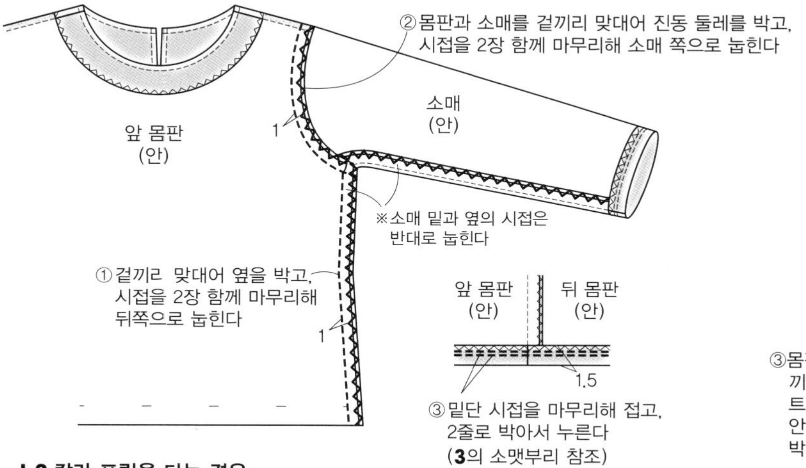

앞 몸판
(안)

① 겉끼리 맞대어 옆을 박고,
시접을 2장 함께 마무리해
뒤쪽으로 눕힌다

② 몸판과 소매를 겉끼리 맞대어 진동 둘레를 박고,
시접을 2장 함께 마무리해 소매 쪽으로 눕힌다

소매
(안)

※소매 밑과 옆의 시접은
반대로 눕힌다

앞 몸판
(안)

뒤 몸판
(안)

1.5

③ 밑단 시접을 마무리해 접고,
2줄로 박아서 누른다
(**3**의 소맷부리 참조)

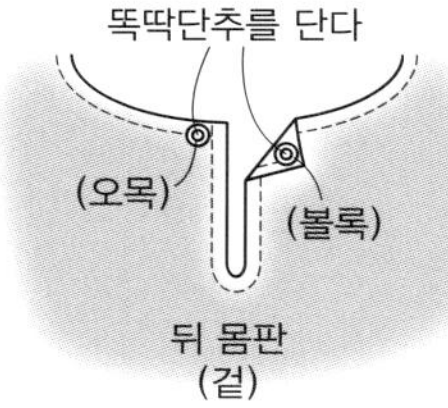

J-2 칼라 프릴을 다는 경우

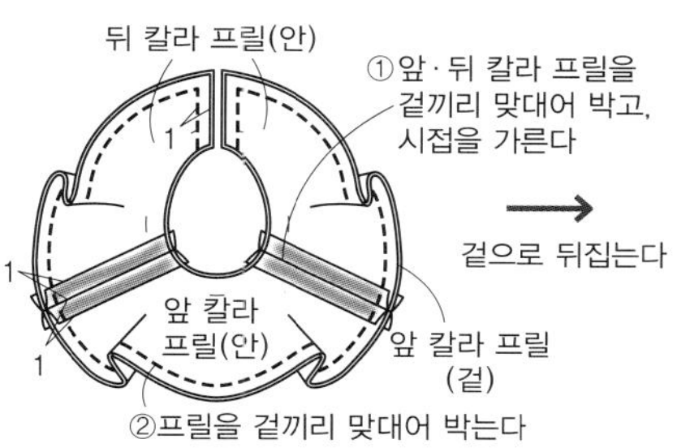

뒤 칼라 프릴(안)

① 앞·뒤 칼라 프릴을
겉끼리 맞대어 박고,
시접을 가른다

앞 칼라
프릴(안)

앞 칼라 프릴
(겉)

② 프릴을 겉끼리 맞대어 박는다

겉으로 뒤집는다

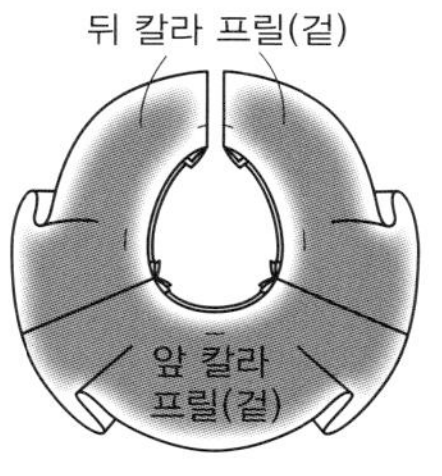

뒤 칼라 프릴(겉)

앞 칼라
프릴(겉)

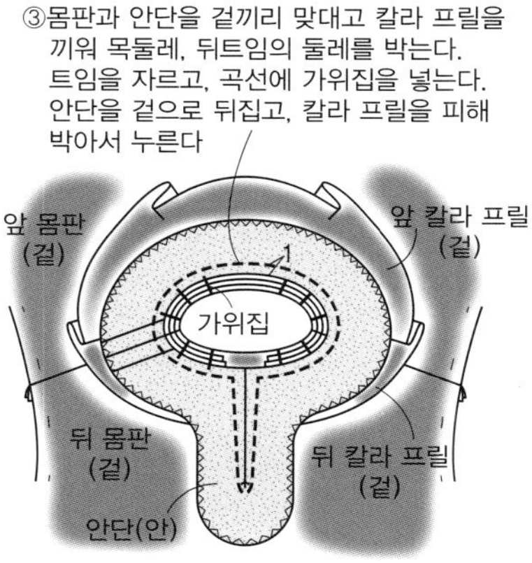

7

똑딱단추를 단다

(오목)

(볼록)

뒤 몸판
(겉)

③ 몸판과 안단을 겉끼리 맞대고 칼라 프릴을
끼워 목둘레, 뒤트임의 둘레를 박는다.
트임을 자르고, 곡선에 가위집을 넣는다.
안단을 겉으로 뒤집고, 칼라 프릴을 피해
박아서 누른다

앞 칼라 프릴
(겉)

뒤 몸판
(겉)

가위집

1

앞 몸판
(겉)

뒤 칼라 프릴
(겉)

안단(안)

L 멜빵 달린 살로페트

Photo p.36　실물 대형 옷본　D면

● **완성 치수**(왼쪽부터 S/M/L)
허리둘레(고무줄 빼고)···74/80/85cm
팬츠 길이···52/64/73.3cm

● **재료**(왼쪽부터 S/M/L)
【**L-1**】면 스트레치 소프트 블루데님 9-10온스
···145cm 폭×90/100/110cm
【**L-2**】이중직 트윌 도트(베이지×블랙)
···110cm 폭×130/150/170cm
【**L-1, 2 공통**】2cm 폭 고무줄···45/49/51.5cm
지름 1.5cm 단추···2개

● **박는 순서**
1 　앞 밑위를 박는다
2 　밑아래 덧천을 달고, 옆을 박는다
3 　허리를 접어 고무줄 통로를 박는다
4 　고리를 만들고, 뒤에 박아서 고정한다
5 　밑단을 2번 접어 박는다
6 　멜빵을 만든다
7 　고무줄을 끼우고, 단추를 단다

● **재단 배치도**

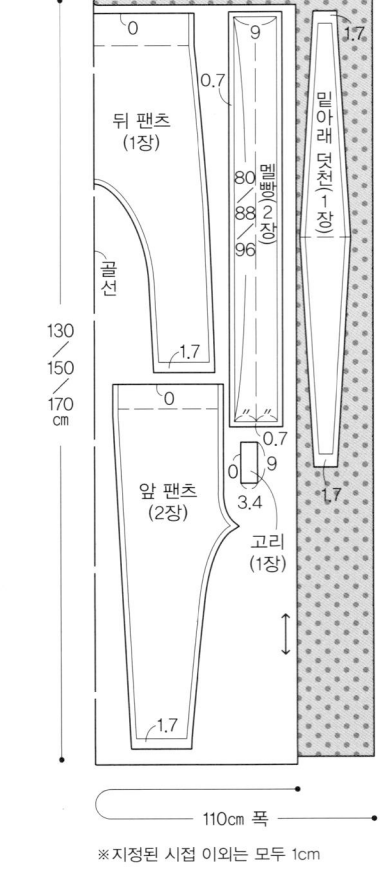

L-1
면 스트레치 소프트 블루데님 9-10온스

L-2
이중직 트윌 도트
(베이지×블랙)

※지정된 시접 이외는 모두 1cm

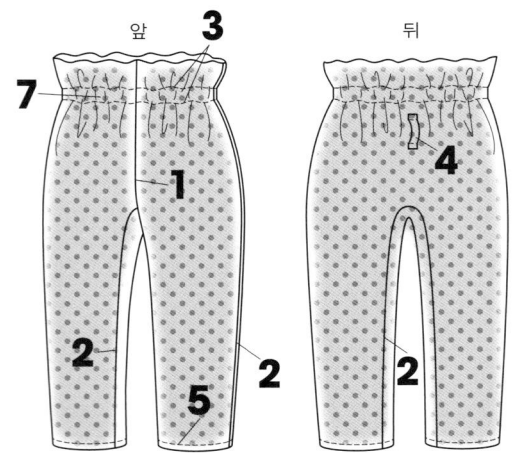

※**L-2**는
박음질 없이

76

●박는 법

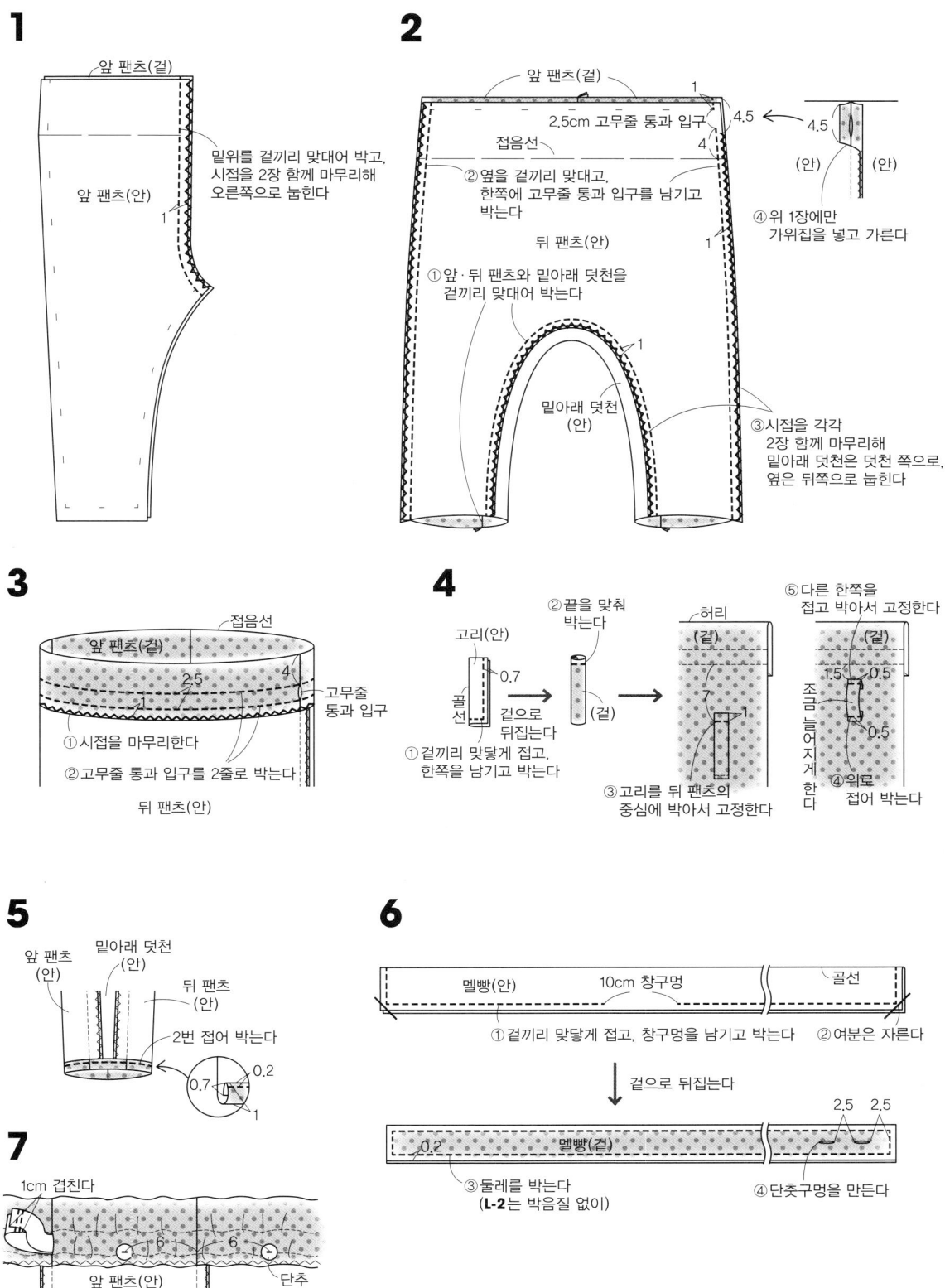

1

앞 팬츠(겉)

앞 팬츠(안)

1

밑위를 겉끼리 맞대어 박고,
시접을 2장 함께 마무리해
오른쪽으로 눕힌다

2

앞 팬츠(겉)

2.5cm 고무줄 통과 입구

접음선

②옆을 겉끼리 맞대고,
한쪽에 고무줄 통과 입구를 남기고
박는다

뒤 팬츠(안)

①앞·뒤 팬츠와 밑아래 덧천을
겉끼리 맞대어 박는다

밑아래 덧천
(안)

1

4.5

4.5

4

(안)   (안)

④위 1장에만
가위집을 넣고 가른다

③시접을 각각
2장 함께 마무리해
밑아래 덧천은 덧천 쪽으로,
옆은 뒤쪽으로 눕힌다

1

3

접음선

앞 팬츠(겉)

2.5

4

1

①시접을 마무리한다

②고무줄 통과 입구를 2줄로 박는다

고무줄
통과 입구

뒤 팬츠(안)

4

고리(안)

0.7

골선

겉으로
뒤집는다

①겉끼리 맞닿게 접고,
한쪽을 남기고 박는다

②끝을 맞춰
박는다

(겉)

③고리를 뒤 팬츠의
중심에 박아서 고정한다

허리

(겉)

1

⑤다른 한쪽을
접고 박아서 고정한다

(겉)

1.5   0.5

조금 늘어지게 한다

0.5

④위로
접어 박는다

5

앞 팬츠
(안)

밑아래 덧천
(안)

뒤 팬츠
(안)

2번 접어 박는다

0.2

0.7

1

6

멜빵(안)   10cm 창구멍   골선

①겉끼리 맞닿게 접고, 창구멍을 남기고 박는다   ②여분은 자른다

겉으로 뒤집는다

멜빵(겉)

0.2

③둘레를 박는다
(**L-2**는 박음질 없이)

2.5   2.5

④단춧구멍을 만든다

7

1cm 겹친다

앞 팬츠(안)

6

6

단추

77

K 피시테일 스커트

Photo p.32　실물 대형 옷본　D면

●완성 치수(왼쪽부터 S / M / L)
허리둘레(고무줄 빼고)…75 / 79 / 82cm
앞 길이…35.4 / 41.4 / 47.4cm
뒤 길이…44.3 / 49.3 / 55.3cm

●재료(왼쪽부터 S / M / L)
26098-2 TOP사 극세 코듀로이(19 블루)
…142cm 폭×100 / 110 / 120cm
브로드(그레이)…88cm 폭×70 / 80 / 90cm
리버티 프린트 타나론(Emillias bloom YE)
…110cm 폭×35 / 40 / 50cm
1.5cm 폭 고무줄…47 / 53 / 57cm

●박는 순서

1 안감과 안단을 박고, 앞·뒤의 옆을 겉끼리 맞대어 박는다

2 겉감의 옆을 박는다

3 겉감과 안감·안단을 겉끼리 맞대어 밑단을 박는다

4 고무줄 통과 입구를 남기고 박은 허리 천을 본체에 달고 고무줄을 끼운다

●재단 배치도

TOP사 극세 코듀로이(블루)

골선
앞 스커트
(1장)

100
110
120
cm

뒤 스커트
(1장)

허리 천
(1장)

37.5/39.5/41

142cm 폭

※지정된 시접 이외는 모두 1cm

브로드(그레이)

골선
앞 안감
(1장)

70
80
90
cm

뒤 안감
(1장)

88cm 폭

리버티 프린트 타나론
(Emillias bloom)

35
40
50
cm

앞 안단(1장)
골선
뒤 안단(1장)

110cm 폭

●박는 법

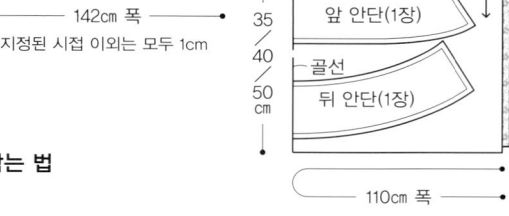

1

앞 안감(안)

①안감과 안단을 겉끼리 맞대어 박고, 시접을 안단 쪽으로 눕힌다
※뒤쪽도 같은 방법

②앞과 뒤를 겉끼리 맞대어 옆을 박고, 시접을 뒤쪽으로 눕힌다

뒤 안감(겉)

앞 안단(안)

뒤 안단(겉)

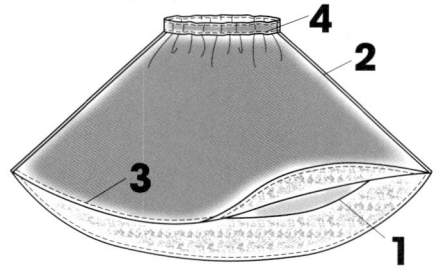

2

앞 스커트(안)

겉끼리 맞대어 옆을 박고, 앞쪽으로 눕힌다

뒤 스커트(겉)

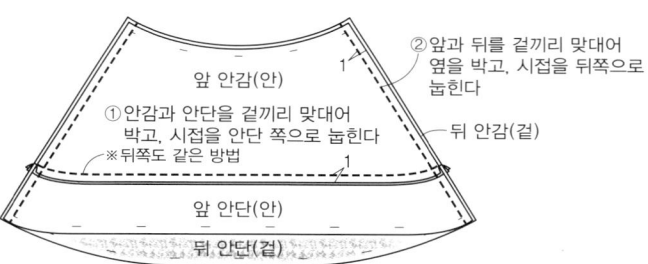

3

뒤 스커트(겉)　뒤 안감(안)

앞 안감(겉)

앞 스커트(안)

①겉끼리 맞대어 밑단을 박는다

앞 안단(겉)

뒤 안단(안)

②겉으로 뒤집고, 끝을 박는다

앞 스커트
(겉)

0.2

뒤 안단(겉)

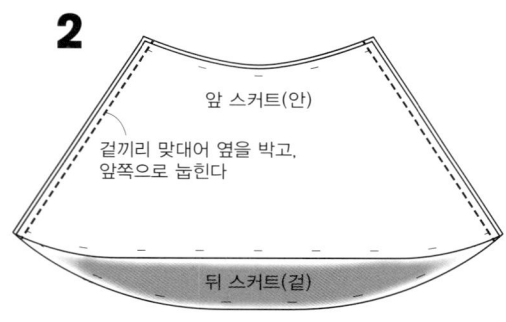

4

허리 천(안)

골선

1.5　1

①겉끼리 맞닿게 접고, 고무줄 통과 입구를 남기고 박는다

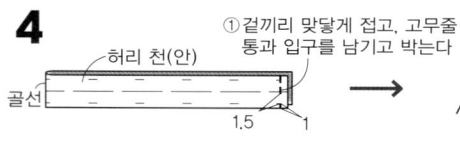

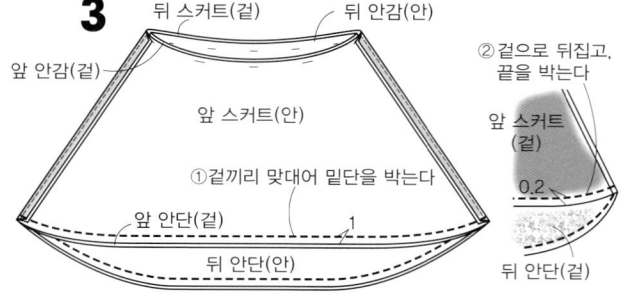

허리 천(안)

②겉끼리 맞대어 박는다

앞 스커트(겉)

1cm
접는다

③허리 천을 겉으로 뒤집고, 위아래를 박아서 누른다

허리 천(겉)

0.2

0.2

④고무줄을 끼우고 끝을 1cm 겹쳐 박는다

뒤 안단
(겉)

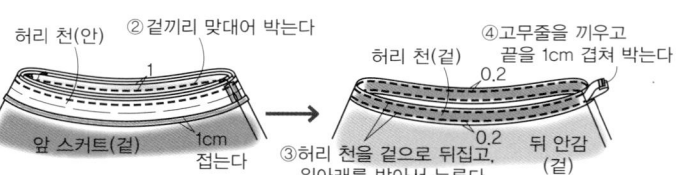

M 장식 칼라

Photo p.38　실물 대형 옷본　D면

● **완성 치수**(왼쪽부터 S / M / L)

길이…19.5 / 20.8 / 21.8cm

목둘레 치수…35.8 / 35.9 / 37cm

● **재료**(왼쪽부터 S / M / L)

1232 자연 건조 빈티지 워싱 CM80 새틴(21 샌드베이지, 16 색스블루)…135cm 폭×각 90cm

1250 자연 건조 빈티지 워싱 CM40 타이프라이터(D14 퍼플)…148cm 폭×90cm

● **박는 순서**

1 파트 3에 개더를 잡고, 파트 2와 박는다

2 뒤트임을 바이어스 천으로 마무리한다

3 파트 2·3과 파트 1을 겉끼리 맞대어 오른쪽 어깨를 박는다

4 앞 끝, 밑단을 2번 접어 박는다

5 목둘레에 가더를 잡고, 바이어스 천으로 마무리하고(p.48 참조), 이어서 리본을 박는다

● **재단 배치도**

자연 건조 빈티지 워싱
CM80 새틴(샌드베이지, 색스블루)…135cm 폭
자연 건조 빈티지 워싱
CM40 타이프라이터(퍼플)…148cm

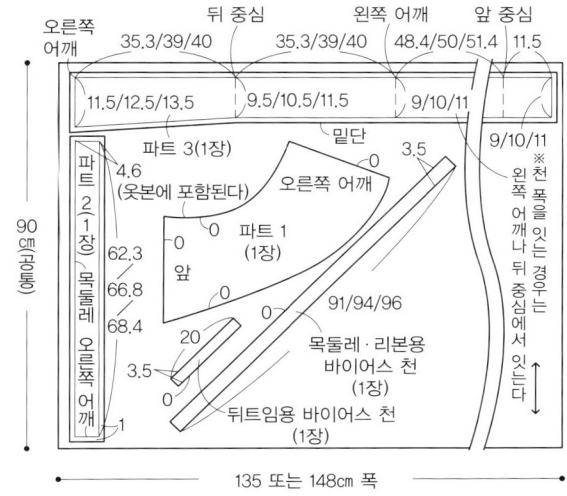

※지정된 시접 이외는 모두 0.8cm

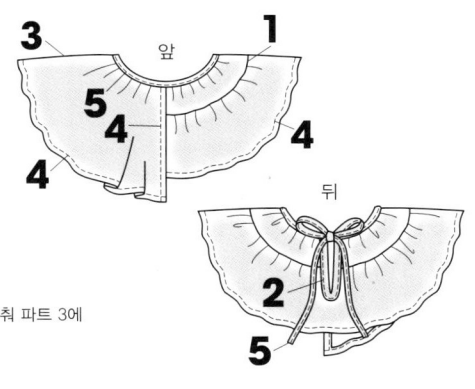

● **박는 법**

1, 2, 3, 4

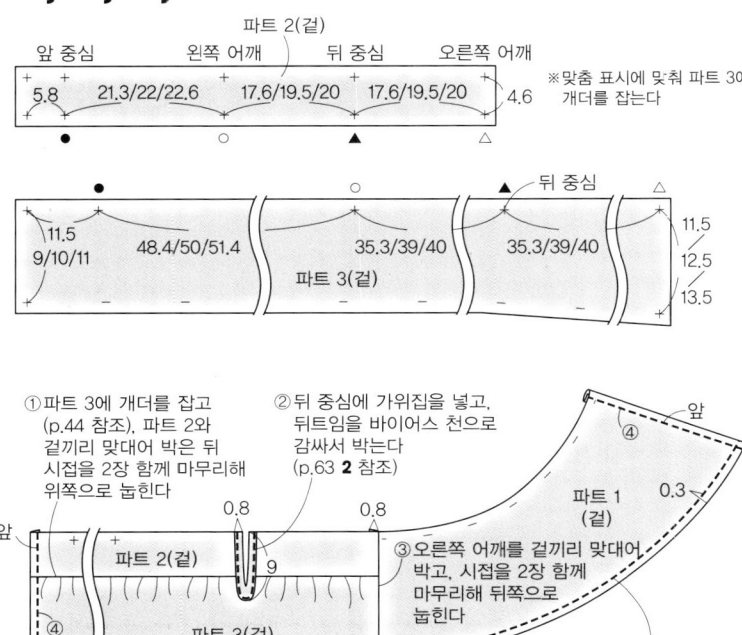

①파트 3에 개더를 잡고 (p.44 참조), 파트 2와 겉끼리 맞대어 박은 뒤 시접을 2장 함께 마무리해 위쪽으로 눕힌다

②뒤 중심에 가위집을 넣고, 뒤트임을 바이어스 천으로 감싸서 박는다 (p.63 **2** 참조)

③오른쪽 어깨를 겉끼리 맞대어 박고, 시접을 2장 함께 마무리해 뒤쪽으로 눕힌다

④앞 끝·밑단을 2번 접어 박는다 (p.55 **3** 참조)

5

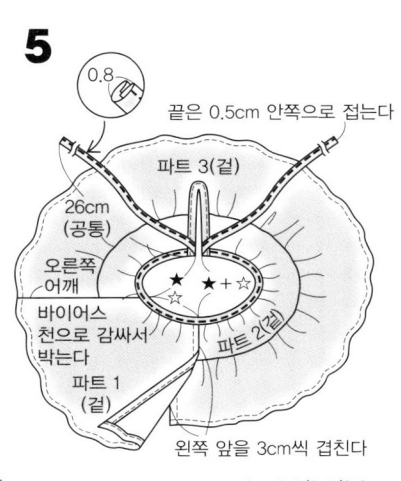

끝은 0.5cm 안쪽으로 접는다

왼쪽 앞을 3cm씩 겹친다

★ =8.8/9.3/9.6
☆ =10.9/11.6/12.2

79

SILHOUETTE GA KAWAII! OSHARE NA KODOMOFUKU FOR BOYS AND GIRLS
by folk made Harumi Watanabe(NV80617)
Copyright ⓒ Harumi Watanabe / NIHON VOGUE-SHA 2019
All rights reserved.
First published in Japan in 2019 by NIHON VOGUE Corp.
Photographer: masacova!, Yukari Shirai

This Korean edition is published by arrangement with NIHON VOGUE Corp., Tokyo
in care of Tuttle-Mori Agency, Inc., Tokyo through Tony International, Seoul.
Korean translation rights ⓒ 2021 by Iaso Publishing Co.

와타나베 하루미

니트 디자이너. 패션 회사에서 근무한 후 프랑스로 건너가 3년간 다양한 경험을 쌓았다. 출산을 계기로 아동복을 만들기 시작하였고, 2015년부터 오리지널 브랜드 'folk made'로 합동 전시회에 작품을 출품했다.
https://www.instagram.com/folk_made

옮긴이 황선영

일어일문학을 전공하고 대한항공 국제선 파트에서 근무했다. 현재 실용서 전문 번역가로 활동하고 있다. 옮긴 책으로는 《히구치 유미코의 자수 12개월》, 《1색 자수와 작은 소품》, 《2색으로 즐기는 자수 생활》, 《자수와 손가방》, 《하덴거 자수》, 《패턴 학교 Vol. 1 상의 편》, 《패턴 학교 Vol. 2 스커트 편》, 《패턴 학교 Vol. 3 팬츠 편》, 《패턴 학교 Vol. 4 원피스편》, 《심플한 패턴의 예쁜 원피스》, 《심플하고 세련된 여자 옷》, 《심플하고 귀여운 여자아이 옷》 등이 있다.

감수 문수연

서울대학교 인문대학 고고미술사학과를 졸업했다. 재봉틀로 옷 만들기부터 수공예까지 손으로 만드는 모든 것을 좋아해 작품 활동을 시작했다. 현재 서촌에서 '여름한옥 게스트 하우스'를 운영하며 작은 수공예 수업을 하고 있다. 그녀가 운영하는 인스타그램 '단추수프(http://www.instagram.com/thebuttonsoup)'에서 보기만 해도 감탄이 절로 나오는 다양한 작품을 만나볼 수 있다.

디자이너 작품을 엄마가 만든다!
깜찍하고 멋진 아이 옷

초판 1쇄 발행 2021년 4월 10일

지은이 와타나베 하루미
옮긴이 황선영
감 수 문수연
펴낸이 명혜정
펴낸곳 도서출판 이아소
디자인 레프트로드
교 열 정수완

등록번호 제311-2004-00014호
등록일자 2004년 4월 22일
주소 04002 서울시 마포구 월드컵북로5나길 18 1012호
전화 (02)337-0446 **팩스** (02)337-0402

책값은 뒤표지에 있습니다.
ISBN 979-11-87113-45-4 13590

도서출판 이아소는 독자 여러분의 의견을 소중하게 생각합니다.
E-mail: iasobook@gmail.com